MAGNUS FRIDH (geb. 1970) wuchs in Karlshamn, Südschweden, auf und ist einer der führenden Experten für Meditation und Achtsamkeit in Schweden. Er entdeckte Meditation als Teenager für sich und studierte schließlich Indologie mit dem Schwerpunkt tibetische Sprache und Kultur. Heute lebt er in Stockholm, unterrichtet Ashtanga Yoga und gibt Seminare für Achtsamkeit und Meditation. Magnus ist einer der Mitbegründer der Achtsamkeits-App. Die App wurde in 13 Sprachen übersetzt und ist auch in Deutschland erhältlich.

Magnus Fridh

STILLE finden in einer hektischen Welt

Ein Wegweiser zu
Gelassenheit
und innerer Ruhe

Aus dem Schwedischen von
Clara Sondermann

Rowohlt Taschenbuch Verlag

Die schwedische Originalausgabe erschien
2019 unter dem Titel
«Att vara stilla när allt skyndar»
bei Bonnier, Stockholm.

Deutsche Erstausgabe
Veröffentlicht im Rowohlt Taschenbuch Verlag,
Hamburg, Februar 2021

Illustrationen Kristina Lindström
Redaktion Bernd Jost
Satz aus der Nyte
bei Dörlemann Satz, Lemförde
Druck und Bindung GGP Media GmbH,
Pößneck, Germany
ISBN 978-3-499-00482-7

INHALT

II

DIE NATUR

III

DIE MEDITATION

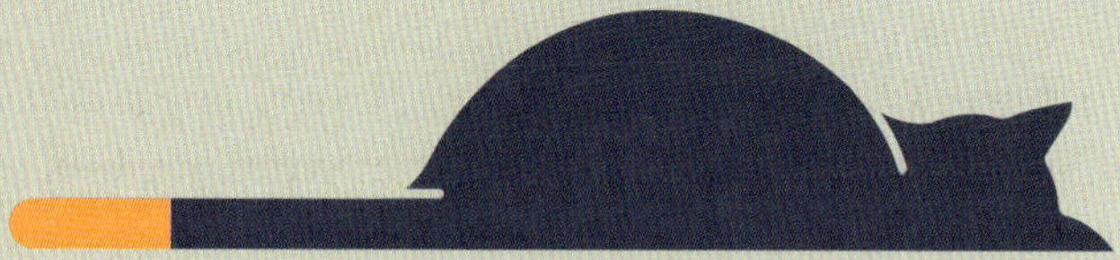

EINLEITUNG: STILLE FINDEN IN EINER HEKTISCHEN WELT

Gelegentlich ruhig in einem Raum zu sitzen und nichts zu tun gehört wahrscheinlich zu den klügsten Dingen, die ein Mensch in unserer Zeit tun kann. Ich meine, wirklich vollkommen ruhig und still zu sein. Mit Körper und Geist. Das ist heute wahrscheinlich notwendiger als je zuvor, auch wenn es nichts Neues ist. Blaise Pascal, französischer Mathematiker und Philosoph, schrieb schon im 17. Jahrhundert in seinen *Gedanken:* «Das ganze Unglück der Menschen rührt allein daher, dass sie nicht ruhig in einem Zimmer zu bleiben vermögen.» Vielleicht ist es ein grundlegendes Bedürfnis, dem wir nicht immer nachgehen können, an das wir uns aber so oft wie möglich erinnern sollten. Läuft das Leben gerade in die richtige Richtung, gerät das schnell in Vergessenheit. Und sobald wir mit beinahe unzumutbaren Anforderungen konfrontiert werden, die unsere Terminkalender verstopfen, scheint jeder Ausweg ins Nichtstun verschwunden zu sein.

In meinen Alltag habe ich drei Gelegenheiten integriert, durch die ich spürbar zur Ruhe komme und einen direkten positiven Effekt dieses Zustands wahrnehme.

Die erste Gelegenheit, die Gelegenheit zum Nichtstun, bietet sich, wenn ich von der Arbeit nach Hause komme. Ich setze mich dann zunächst auf das Sofa und beschäftige mich für etwa fünf bis zehn Minuten mit meiner Katze. Sie legt sich neben mich, wenn ich mich hingesetzt habe – das ist eine schöne Routine geworden. Ihr Tempo ist ruhiger. Es überträgt sich auf mich, und ich merke, wie auch meine eigenen Bewegungen langsamer werden, weicher und empfindsamer. Mein Körper übernimmt ihren Rhythmus, und ich mache nebenbei nichts anderes. Das Telefon liegt außerhalb meiner Reichweite, und ich spüre, wie Spannungen und harte Kanten sich in diesem Moment lösen. In diesem Augenblick spontaner Entspannung ohne begrenzte zeitliche Dauer öffnet sich eine Tür einen Spalt weit, hinein in etwas Stilleres. Es fühlt sich so an, als könne man von der beschleunigten, leistungsorientierten Welt in ein Niemandsland übergehen, ein ruhigeres Dasein erreichen. Von An zu Aus. Von der Aktivität ins Sein. Vom angeschlossenen zum entkoppelten Zustand.

Die zweite Gelegenheit zum Entspannen finde ich in der Natur. Hier kann man sich selbst leichter ausschalten, man kann beobachten, anstatt sich mit den eigenen Gedanken zu beschäftigen. Zwischen der eigenen Person und der Natur entsteht eine Verbindung, wodurch auch das Gefühl der Zugehörigkeit wächst. Alle Sinne werden angesprochen, wir spüren wieder Boden unter den Füßen, und im Unterschied zum städtischen Umfeld fällt es hier leichter, sich vom täglichen Chaos zu erholen. Durch die ganz eigene Vereinigung mit der Natur sinken Stresslevel und Blutdruck, gute Laune und Kreativität steigen. Das sogenannte *Waldbad* hat diese Wirkung auf uns. Wir fühlen uns mehr zu Hause.

Ich lebe selbst mitten in einer Großstadt. In unserem Innenhof wächst ein Baum, ein prächtiger Ahorn, der bis an unser Fensterbrett in der vierten Etage reicht. In einer gänzlich asphaltierten Umgebung hat der Baum eine besondere Bedeutung. Ich schenke ihm jeden Tag für einige Momente meine Aufmerksamkeit, ich weiß ihn zu schätzen. Es gibt mir Kraft, ihn dort stehen zu sehen, und jede Veränderung ist es wert, bestaunt zu werden. Es beruhigt mich, die Veränderungen durch die Jahreszeiten zu verfolgen und dadurch zu begreifen, dass alles der Vergänglichkeit unterworfen ist. Die Vergänglichkeit ist, obwohl wir gern darüber klagen, ganz natürlich, wenn man sich einfühlsam in ihrem Rhythmus zu bewegen vermag. In der Gewohnheit, ihn jeden Tag neu anzuschauen, liegt die Magie.

Die dritte Gelegenheit ist meine tägliche Meditation. Diese Stunde verbringe ich so ruhig wie möglich. Beinahe auf kraftvolle Weise ruhig. In ihrer äußeren Form und bis ins Innere hinein. Es kann dauern, bis sich die Rastlosigkeit nach einem langen Tag verzogen hat, mitunter nehme ich sie als juckendes Gefühl wahr, das von einem Körperteil zum nächsten wandert. Irgendwann klingt es ab, der Körper dreht nicht länger auf Hochtouren und wird ruhig. Das Rauschen im Inneren lässt spürbar nach, und nach einer Weile hat die innere Hektik fast gänzlich nachgelassen, und ich gleite in ein einfaches und wohliges Nichts hinein. An einigen Tagen erlebe ich in der Meditation, unabhängig von der Laune oder den Umständen, eine Glückseligkeit, die keine Grenzen kennt. Mitten im Alltag. Mitten im Stress. Mitten in der üblichen Hektik. Wenn sich dieses Gefühl einstellt, möchte ich nichts mehr ändern, und die Grenze zwischen mir und anderen scheint immer unwirklicher zu werden.

Mit diesen drei Übungen gelange ich in eine tiefgehende Entspannung, erfahre Stille und Ruhe und kann meine Energiereservoirs aufladen. Mehr als einmal habe ich in der Vergangenheit die brutale Erschöpfungsgrenze erreicht, wo sich auch die einfachsten Entscheidungen unglaublich schwer anfühlen. Zu müde, um nachzudenken, zu leer, um zu spüren, dass regelmäßige Pausen in Stille ein Gegenmittel sind und eine tiefe Ruhe auslösen. Aber nicht nur das. Woher sollen wir denn wissen, wer wir sind, wenn wir nie stehen bleiben und ruhig werden? Wie sollen wir so unsere eigenen Gedanken hören können?

Die schwedische Aufsichtsbehörde für Gesundheit am Arbeitsplatz (Arbetsmiljöverket) konstatiert einen Anstieg berufsbezogener Krankheiten, mit Folgen wie dem chronischen Erschöpfungssyndrom. In Deutschland ist die Situation ähnlich. Nicht weniger als 1,4 Millionen Menschen in Schweden leiden unter gesundheitlichen Problemen, die im Zusammenhang mit ihrer Arbeit stehen. Die Hälfte klagt über ein Gefühl der Unruhe, Angst oder Schlafstörungen. In diesem Zusammenhang wird als Grund häufig genannt, dass die Grenze zwischen Arbeit und Privatleben zunehmend verwischt. Darin erkenne ich mich wieder, und ich weiß, dass es wahnsinnig schnell geht, bis man diese zwei Bereiche nicht mehr voneinander unterscheiden kann. Daher ist es so wichtig geworden, in dem Leben, das ich lebe, klare Räume für Erholung zu schaffen. Wie finden wir sie in unserem Alltag? Mikrostunden, in denen wir wieder Energie und Motivation tanken. In Form von kurzen meditativen Übungen, die ich in den verschiedenen Kapiteln vorstelle, möchte ich Reflexionen teilen, die es mir ermöglichen, in dem Leben, das ich lebe, still zu stehen, während um mich herum alles beschleunigt.

I

ALLTAG

STILLE FINDEN

Das Finden der eigenen Ruhe und Stille ist das durchgehende Thema dieses Buches. Unser Leben hält einen Raum für Klarheit und Sinn bereit, wir müssen uns nicht von Stress und Hektik beherrschen lassen. Darum geht es, und ich kann dir bei der Suche helfen.

Stille lässt sich an vielen verschiedenen Orten finden, unter verschiedenen Namen und unter verschiedenen Voraussetzungen. Die einen nehmen sie über den Wind wahr, die anderen begegnen ihr im weißen Rauschen des städtischen Lärmpegels. Sie liegt in den Sprachpausen und zugleich im tiefen Hineinlauschen in jene Geräusche, von denen die Stille gestört wird.

Mit einigen gezielten Techniken der Meditation wird die Stille spürbar. Behalte sie bei, und sie werden ein Teil deines Alltags.

Die Entschleunigung der Gedanken ermöglicht eine gesunde Stressreaktion. Probiere die verschiedenen Übungen aus, die über den Text verteilt sind. Das Lesen selbst kann meditative Züge haben, ebenso gut kannst du das Buch zur

Seite legen, nachdem du die Anleitungen gelesen hast, und für eine Weile ganz still werden.

Zur Meditation reicht das Lesen von Büchern allein nicht aus, die Praxis ist entscheidend. Ein Geist, der ständig zwischen verschiedenen Orten hin und her pendelt, zwischen Zukunft und Vergangenheit, Niedergeschlagenheit und Enthusiasmus, muss sich mit der Geduld anfreunden. Sicher ist, dass jede Praxis zu einem Ergebnis führen wird. Viele Studien belegen das heutzutage eindeutig. Es funktioniert bei jeder und jedem, auch bei Menschen mit einer kurzen Konzentrationsspanne, zu denen ich auch gehöre. Neulich schrieb mir eine Frau, der es ähnlich ging: «Meinen ersten Meditationsversuch werde ich sicher nie vergessen. Es kribbelte in meinem ganzen Körper, und ich konnte nicht still sitzen. Nach dreißig Sekunden dachte ich, das ist nichts für mich! Ich hätte nicht weiter danebenliegen können.»

Mit der zunehmenden Regelmäßigkeit deiner Praxis wächst auch deine Fähigkeit zur Achtsamkeit. Du wirst spüren, wie Ruhe und Stille dich umschließen. Nicht anschließen, ausschließen oder kurzschließen. *Umschließen* – ein wirklich schönes Wort! Etwas, das nicht ewig währt und dir dennoch eine unsichtbare schützende Hülle schenkt, die dich behutsam in der Stille hält, ohne die Welt auszusperren. Wie ein Nebel, der einen ganzen Landstrich umschließt. Wie die Haut, die den Körper eines lebenden Wesens Schicht für Schicht umschließt.

DIE STILLE IST ALLES UND NICHTS

Die Stille ist alles und gleichzeitig nichts. Sie ist anspruchslos, bei ihr lassen wir unsere Geschichte, unsere Prinzipien und unsere Selbstzentriertheit zurück. Kommen wir mit ihr in Berührung, spüren wir, dass jedes Geschöpf der Welt einen Halt in sich trägt. Wir spüren das Leben. Einen inneren Reichtum, unabhängig von Dingen, die wir erreicht haben oder noch erreichen wollen. Es ist, wie Stig Dagermans rät: «Mein Leben ist nichts, das gemessen werden soll (...). Ein Menschenleben ist auch keine Leistung, sondern ein Wachsen in die Vollkommenheit hinein. Und das Vollkommene leistet nichts, es wirkt in der Ruhe.»

Man wird nicht zu jemand anderem, wenn man meditiert. Man muss weder den Kleidungsstil ändern noch den Musikgeschmack, man muss sich auch nicht zu einer Glaubensrichtung bekennen oder in ferne Länder reisen. Stattdessen wird man zu dem, der man ist. Zu sich selbst. Der Ausdruck *lernen, sich selbst kennenzulernen* bedeutet nichts anderes, als die Veränderungen des Lebens immer wieder zu reflektieren und in ein Verhältnis zu unserem inneren Wissen zu bringen – daraus erwächst eine Einsicht, wenn man es vermag, sich über das verschlungene Subjektive hinauszubewegen.

Schon seit meiner Kindheit wirbeln mir die Gedanken sehr schnell durch den Kopf, und inzwischen kann ich sie zum Glück mit Hilfe meditativer Techniken stoppen. Ich glaube, dass viele in der Meditation nach einer unerschütterlichen Stille suchen wie ich selbst auch. Es ist der Versuch, mit dem tragenden Grundstein in Berührung zu kommen: einer Art Urstoff im Menschen, der in der Veränderung und in sich selbst ruht und dem Dasein Sinn gibt. Denn nichts hat mir meine Existenz deutlicher vor Augen geführt als die anhaltende Stille. Die Erfahrung hat mir gezeigt, dass sie immer zugänglich ist und notwendig für alle und jeden. Schon in den einfacheren Meditationsübungen kann man sie finden.

Sobald Meditierende die Zone der Stille erreichen, wird das Schwere leicht, das Schwebende findet Kontakt zur Erde, jede Herausforderung, jede Widrigkeit wird annehmbar. Dabei habe ich mitunter das Gefühl, von etwas hell und klar Leuchtendem berührt zu werden – wie von der Liebe.

Bei meiner ersten Meditation hatte ich das Gefühl einer beruhigenden Hand auf meiner Schulter, und eine Stimme in meinem Körper flüsterte: «Es wird gut, alles ist so, wie es sein soll, und du bist genug.» Für einen aufgewühlten Teenager wie mich waren das große Worte, und ich beschloss, sie anzunehmen. Vielleicht spürst du dieses Bedürfnis selbst manchmal? Das Bedürfnis nach Ruhe. Danach, sich im Einklang mit sich selbst zu fühlen, weniger zerrissen. Nach den ersten Schritten und einer zielorientierten Praxis liegt neuer Grund unter den Füßen, und die Meditation wird zu einem selbstverständlichen Kompass und einem grundlegenden Bedürfnis. Sicher hast du, genau wie ich, nicht besonders viel Zeit. Aber vielleicht gelingt es dir, Lücken in deinem Tag zu finden, in die du dich für ein paar Minuten in Stille zurückziehen kannst.

Ich denke manchmal, das ist alles, was nötig ist. Still genug zu sein, um sein eigenes Herz schlagen zu hören, zu verstehen, wohin wir unterwegs sind, und uns daran zu erinnern, was in unserem Leben wichtig ist.

Lege eine Hand auf deinen Brustkorb und nimm das Heben und Senken wahr. Mit jeder Einatmung. Mit jeder Ausatmung.

Lass dich von der wachsenden Stille durchdringen – ohne Ziel, ohne Absicht. Einfache, ungebrochene Stille, nur eine Weile lang. Der Stille wegen.

Lass dich von ihr umschließen.

WIR SUCHEN DIE STILLE

Vierzig Personen sitzen regungslos in einem Raum. Ein früher Morgen im November. Zu diesem Zeitpunkt unterrichte ich seit zehn Jahren Yoga und Meditation, in einem Vorort der Großstadt, in der ich lebe. Vor weniger als zehn Minuten war der Raum noch erfüllt von Stimmen. Freundschaftliche, muntere Gespräche. Nun sitzen alle auf dem Boden, die Beine über Kreuz, die Hände auf den Knien ruhend, die Augen geschlossen, freiwillig ruhig und still. Einige bewegen sich noch rasch in eine angenehme Sitzposition, entspannen den Körper, andere ruckeln sich noch hin und her, um in einer bequemen Position anzukommen. Die Rastlosigkeit weicht nicht sofort von den Körpern, und es dauert ein paar Minuten, bis die Stille ihre weiche Decke über den Raum gelegt hat.

Wenn wir die Einfachheit zulassen, lösen sich Zeit und Raum mit jedem Atemzug auf. Meine Anweisungen sind manchmal wortreich, manchmal karg, wir teilen dabei den Zustand gemeinsamer Achtsamkeit. Zusammen spüren wir, dass wir frei von Notwendigkeiten sind. Vielleicht ist es so einfach, und wir vergessen uns selber dabei für eine

Weile? Ist es ein einfaches Ausruhen von den Masken, die wir tragen?

Wir, die wir hier zusammensitzen, wissen eigentlich nicht viel voneinander. Unsere Rollen sind in diesem Augenblick absolut unwichtig.

Aus Lärm wird Stille. Wir erleben gemeinsam, wie aus Hast reine Ruhe wird. Ablenkung wird zu einem Sein in Aufmerksamkeit. Die Gegensätze und Kontraste lösen sich im Inneren auf.

Daraus ergibt sich ein Zustand der Entspannung, den man auch im Gesicht der Meditierenden sehen kann, ein Ausdruck friedvoller Ruhe. Diese Erfahrung wird zum Schauplatz für etwas, das sich kaum in Worte fassen lässt. Ich denke oft an einen Vers aus dem Text *Kata-Upanishad*, der ca. 500 v. Chr. geschrieben wurde. Die Beschreibung eines tiefen, ruhigen Zustandes, zu gleichen Teilen «Entstehung und Auflösung (…). Etwas, das sich lediglich verstehen lässt, wenn man sagt: ‹Es ist.›»

Draußen graue Nebeldecke. Ein heraufziehender Regen klopft unregelmäßig und vorsichtig gegen das Fenster. Der Wind steigt höher und fährt unter eine schlecht befestigte Plane, man hört ein knackendes Geräusch. Das Licht der Lampen ist gedämpft und bietet den Hintergrund für die introspektive Phase. Vielleicht ist dies einer der wenigen

Momente in der Woche, in denen wir wirklich ganz still sind und uns unserer Gefühle bewusst werden, ohne über deren Inhalt zu grübeln. Von der Hektik des Alltags ins Nichts.

Eine Stunde später ein undramatischer Abschluss. Einige verlassen den Raum schweigend. Andere bleiben noch und reden mit gedämpften Stimmen.

Wie der finnische Dichter Gunnar Björling einmal schrieb: «Wir suchen die Stille, wir suchen die Antwort, die Antwort ohne Namen, unserer Herzen Leben, wie die Stille, die wir suchen (...). Sie ist weder Rat, noch ist sie Hafen, sie schenkt das Leben.»

EINE
ROTE AMPEL

An einem Hügel, unterwegs zur Arbeit: Der Morgen kriecht unsicher, kaum merklich, aus der Dunkelheit heraus. Der Februarwind schmeckt herb, und ein Gewirr aus Klängen hängt in meinem Kopf. Mein Körper bewegt sich viel zu schnell vorwärts, mit bis zu den Ohren hochgezogenen Schultern.

Ein paar Minuten später erreiche ich mit anderen Fußgängern eine Kreuzung, die Ampel springt gerade von Grün auf Rot um.

Manche rennen noch schnell durch den Dieseldunst über die Straße, bevor die Autos bei Grün losfahren. Jemand setzt einen Schritt auf die Straße, wie vor einem Wettlauf, bereit zum Start. Er ist in Bewegung, obwohl er noch steht. Wippt rastlos hin und her.

Ein anderer holt sein Handy aus der Tasche, beugt den Kopf darüber und verschwindet in einer anderen Welt.

Ich habe mich oft auf die gleiche Weise beeilt, aber heute befolge ich die Bedeutung der Farbe und bleibe einfach stehen.

Denn an diesem Morgen laufen meine Akkus gefühlt auf sehr niedrigem Niveau. Meine Gehirnmuskeln wollen sich entspannen. Ich merke es deutlich. In der letzten Zeit war viel los.

Ich bleibe auf dem Bürgersteig stehen, während der Verkehr vorbeirauscht. Ich bin ganz ruhig, meine Arme hängen passiv an der Seite herunter. Meine leeren Hände sind geöffnet, und ich denke:

«Vielleicht sieht das merkwürdig aus?» Eine Sekunde später ist der Gedanke auch schon verflogen, denn ich bin weit und breit der einzige Mensch, der ganz still steht.

Das Verkehrssignal hat unmittelbar etwas in mir geweckt, eine intuitive Präsenz. Ich nehme mein Körpergewicht wahr, und meine Füße sind wie Wurzeln im Asphalt. Ich spreize die Zehen, drücke sie in den Boden. Das Gewicht wird gleichmäßig verteilt, die Erdung gleicht die fehlgeleitete Energie aus, und ich kann mich deutlich von der Hast abgrenzen. Ich hebe den Blick, und auf der anderen Seite der Straße bemerke ich die Reflexion eines zaghaften Sonnenstrahls in einem Fenster in der dritten Etage. Die Sekunden bei Rot, die mir normalerweise sehr lang vorkommen, haben mir ein behagliches Gefühl gegeben, das Gefühl, mein ursprüngliches inneres Gleichgewicht wieder erreicht zu haben. Es ist, als würden Puzzleteile an ihrem richtigen Platz einrasten. Manche sagen dazu: *Man hört auf, nur in seinem Kopf zu sein.*

Mit der roten Ampel ist es wie mit der Glocke, die regelmäßig im Kloster des vietnamesischen buddhistischen Mönchs Thich Nhat Hanh in Südfrankreich läutet. Ein paarmal am Tag hören sie jene, die sich dort aufhalten, und verstehen es als Signal der Achtsamkeit. Sie unterbrechen in diesem Moment ihre Tätigkeit. Die Achtsamkeitsglocke ruft, und jene, die sie hören, halten ein, um in die Entspannung des Körpers zu gehen und sich auf ihre Atmung zu konzentrieren. Das Signal stellt das Gefühl von Ruhe und Freiheit wieder her. Vielleicht habe ich mein Achtsamkeitssignal an einem Fußgängerüberweg im Zentrum einer Großstadt gefunden.

Als ich so still dastehe, richtet sich meine Aufmerksamkeit auf eine Bewegung: meine Einatmung und meine Ausatmung, in einer einfachen Technik mit einem beruhigenden Effekt. Ich atme ein, während ich ruhig bis vier zähle, atme aus und zähle noch mal bis vier. Wenn die Luft ausgeatmet ist, ruhe ich mich in dem Zwischenraum vor der nächsten Einatmung für weitere vier Sekunden aus.

Ich folge der Luft durch die Nasenlöcher, und ich folge ihrem Weg durch den Körper. Ich nehme wahr, was der Fokus auf meine Atmung bewirkt. Die Spannungen im Körper lösen sich nach und nach, und die Perspektive verändert sich in wirklich kurzer Zeit.

Vielleicht ist es ein viel zu großes Wort, um es an einem gewöhnlichen Tag zu benutzen, an dem man darauf wartet, dass die Ampel von Rot auf Grün wechselt, aber ich fühle mich plötzlich frei. Frei von Hektik.

Nach ein paar Ein- und Ausatmungen sehe ich grünes Licht als Spiegelung in einer Pfütze. Eine Minute ist vergangen. Eine Minute gewinnen oder verlieren.

Ich gehe weiter, Schritt für Schritt, in die immer noch gleiche Richtung. Meine Schultern sind wieder ganz heruntergesunken. Die Hast hat mich verlassen, und ich habe meinen Rhythmus wiedergefunden. Eine wunderbare Ruhe hat sich in meinem Körper ausgebreitet, und ich spüre, wie der Atem die Lungen füllt, von unten nach oben.

Es kann eine Befreiung sein, an einer roten Ampel stehen zu bleiben.

Liv~~sf~~är ~~ligt~~ att ~~lu~~ta sig ut

DAS LEBEN STEIGT AUS

Ich erinnere mich an ein Metallschild in öffentlichen Zügen, auf dem stand: *Das Aussteigen ist verboten, bevor sich die Türen öffnen.* Als Teenager hatte ich mal eines dieser Schilder gesehen, auf dem jemand diesen Satz durchgestrichen und darübergeschrieben hatte: *Das Leben steigt aus.* Plötzlich war ein ganz neuer Sinn entstanden, das Wort *aussteigen* hatte eine neue Bedeutung bekommen. Der junge Punk, der ich war, hatte aus dieser neuen Botschaft Hoffnung geschöpft: *Aus dem gesellschaftlichen Hamsterrad aussteigen, aus dem Establishment und der Stagnation. Aussteigen und verändern.*

Neulich kam mir das Bild des übermalten Schildes zufällig wieder in den Kopf. Der Satz stieß bei mir immer noch genauso viel an. Meine Assoziationen wären heute nur wenig anders: *Aus der Leistungsgesellschaft aussteigen, Abstand nehmen von den Ansprüchen, die mehr und mehr an uns gestellt werden, aussteigen und Zeit für Erholung finden. Aussteigen, um sich frei zu fühlen.*

Vor langer Zeit lebte einmal ein junger Prinz mit dem Namen Siddharta Gautama im damaligen Nepal, dem heutigen Nordindien. Er war in großem Luxus aufgewachsen, und seine Eltern hatten ihn aus Fürsorge von der Welt, die draußen vor den Toren des heimischen Palastes lag, abgeschirmt. Als er erwachsen war, überkam ihn eines Tages die Neugier, und er floh aus dem Schloss. So traf er einen Alten und begriff, dass wir uns alle verändern. So traf er eine kranke Person und begriff, dass wir alle früher oder später sterben werden. Er sah einen Toten und begriff, dass alles dem Zerfall und der Vergänglichkeit unterworfen ist. Siddharta wollte sich zurückziehen und den Sinn des Ganzen verstehen. Nach Jahren der Suche saß er in einer Vollmondnacht still und unbeweglich wie ein Berg in einer Meditation, die ihn zu einer Einsicht führte, die bis in unsere Zeit nachhallt. Den Weg hinaus nannte er *Nirvana*. Nach dem jüngst zum Buddha (dem Erwachten) gewordenen Prinzen war *Nirvana* nicht das, was man vom nächsten Leben erwarten konnte. *Nirvana* bezeichnet die Qualität jedes Augenblicks, die direkte Fähigkeit, mit ganzer Aufmerksamkeit von Körper und Geist die Umstände des Lebens zu akzeptieren und zu umarmen. Der einzige Weg hinaus war der Weg hinein.

In Stille zu sein bedeutet nach Buddha, die Balance von Aufmerksamkeit und Entspannung zu finden. Der Mittelweg gibt Resonanz und Klang.

Seit langem ist mein Weg aus Stress und Unruhe der Weg in die Entspannung, das Freigeben von allem, worüber ich keine Kontrolle habe. Dann konzentriere ich mich auf das, worauf ich Einfluss nehmen kann. Ich akzeptiere die Dinge. Allein dadurch hat sich meine Perspektive auf das meiste in meiner Gegenwart geändert, habe ich harte Herausforderungen bestanden.

In jedem dieser Fälle höre ich Reinhold Niebuhrs Worte: «Gott, gib mir die Gelassenheit, Dinge hinzunehmen, die ich nicht ändern kann, den Mut, Dinge zu ändern, die ich ändern kann, und die Weisheit, das eine vom anderen zu unterscheiden.» Sie erklären am besten, was die Weisheit der Akzeptanz ausmacht. Sowohl Dankbarkeit als auch Mitgefühl können in dieser Erde Wurzeln schlagen.

Es gibt eine Entspannungsübung, die mir schon oft in schweren Zeiten geholfen hat und die eine gute Grundlage für die darauf folgende Meditation bildet. Dabei wird die Atmung vertieft und eine erste Tür in die Stille geöffnet.

Es ist für einen geschäftigen Geist nicht immer leicht abzuschalten, aber wenn man an bestimmten Stellen nachjustiert, kommt man Schritt für Schritt zur Ruhe. Nach meiner Erfahrung sind es ganz bestimmte Teile des Körpers, drei Ankerpunkte, die zu einem gelösten Ganzheitsgefühl beitragen.

Besonders wichtig sind all die feinen Muskeln in unserem Gesicht, die zum Einsatz kommen, ohne dass wir darüber nachdenken. Diese Muskeln erzielen die größte Wirkung für die Entspannung, wenn wir sie loslassen, und der erste

Ankerpunkt sind die Muskeln, die um die Augen und dahinter liegen.

Zunächst lässt du die Haut im Gesicht ein wenig «hängen». Lass alle Muskeln los, die wir tagsüber zum Sprechen und Lachen brauchen. Die Wangen werden weich, so, als würde eine mitfühlende Hand über dein Gesicht streichen.

Die Stirn wird hoch und weit, wenn die Augenbrauen nach unten sinken dürfen und der Raum zwischen den Augenbrauen sich entspannt.

Du kannst nach oben schauen und die Augen für ein paar Sekunden still halten. Dann schaust du nach unten, und am Schluss schaust du auf dieselbe Weise nach rechts und nach links. Danach entspannst du die Muskeln um die Augen. Du brauchst die Augen nicht ganz zu schließen, lass die Augenlider einfach schwer werden – ohne Anstrengung. Vielleicht fühlt es sich gut an, wenn du deine Hände über die Augen legst, bis du merkst, dass die Augen sich entspannen, oder du massierst mit deinen Daumenspitzen in sanft kreisenden Bewegungen die Augenbrauen.

Wenn du ausatmest, kannst du Kontakt mit der Region hinter deinen Augen aufnehmen. Die Augen bekommen eine Pause von all den Eindrücken des Tages. Stell dir vor, dass du, in diesem Moment, nichts weiter bewirken kannst. Lass die Dinge so sein, wie sie sind, gerade verpasst du nichts.

Zum zweiten Ankerpunkt. Richte deine Aufmerksamkeit auf das Innere deines Mundes und nimm die Aktivität deiner Zunge wahr. Drücke die Zungenspitze zunächst gegen den Gaumen und lass sie dann los. Lass sie nach unten sinken und das hintere Ende der Zunge in deinem Gaumen breit werden. Spüre wie Gaumen und Kiefer sich lockern. Stell dir vor, dass deine Zunge still wird und kein Wort sie verlässt. Alles, was Sprache werden, ausgedrückt werden will, bleibt für einen Moment ungesagt.

Für den dritten Ankerpunkt lenke deine Achtsamkeit nach unten in deinen Bauch. Dehne ihn für ein paar Sekunden weit aus und zieh ihn dann wieder bis zur Wirbelsäule ein. Nimm wahr, wie sich dein Bauch mit jeder Ein- und Ausatmung hebt und senkt.

Die Augen, die Zunge und der Bauch sind nun in einem entspannten Zustand. Erlebe deinen ganzen Körper in Entspannung. Geht es noch tiefer? Richte deinen Geist auf die Stille.

Spüre, wie du dich langsam aus dem herausziehst, was dich angespannt und gestresst hat.

Aus dem, was dich festgehalten hat. Entziehe dich.

Das Leben steigt aus.

DIE KUNST, NICHTS ZU TUN

L*a dolce far niente*, das süße Nichtstun, nennt man in Italien die Zeit des Nichtstuns. Wir haben im Deutschen diesen Ausdruck übernommen, wenn wir das auch wenig praktizieren. Dabei ist das Bedürfnis nach Pausen größer als jemals zuvor, und so merkwürdig es auch klingt, wir haben in unserem Alltag große Schwierigkeiten, uns ein bisschen Stille zu gönnen und vor allem diese Stille wertzuschätzen.

Zwischendurch fühlt es sich so an, als müssten wir um Entschuldigung bitten, wenn wir das, was wir gerade tun, unterbrechen, obwohl wir den größten Teil unserer wachen Zeit bereits mit Aktivitäten verbringen. Ich betrachte es in diesem Zusammenhang auch als eine Form des Tuns, auf dem Sofa zu liegen und eine Serie zu anschauen oder stundenlang in den sozialen Medien herumzusurfen. Angeschlossen, präsent und immer bereit.

Nichts zu tun ist etwas anderes. Wenn wir in uns hineinspüren, erkennen wir, wie wichtig es für uns ist, ja, dass wir uns sogar danach sehnen: einfach eine Pause von allem zu machen. Und doch bedarf es einiger Anstrengung, um sich diese Auszeit zu nehmen. Neulich traf ich einen Bekannten auf der Straße, und auf mein «Na wie geht's?» antwortete er: «Ich bin müde, bis tief in die Knochen.» Ich verstehe, was das bedeutet, und es ist gar nicht so leicht zu ändern, weil wir alle viel zu vertraut mit dem Gegenteil sind: mit Ambitionen, großen Plänen. Aber anzuhalten und nur das Nötigste zu tun ist ein Geschenk, das wir uns selber machen können. Finde deine eigenen Orte und die Gelegenheit, dort Ruhe und Stille zu erleben. Das Stresslevel wird schon nach ein paar tiefen Atemzügen sinken und der Stress schmelzen wie Eis in der Sonne, die Scheinwerfer deiner Aufmerksamkeit werden wieder in die richtige Position gebracht und ihr Licht auf das werfen, was in deinem Leben wichtig ist – deine Lebenskraft.

Das Sein sollte das ständige Fundament des Tuns bilden. Ich empfinde diese Reihenfolge als sehr vorteilhaft in meinem Alltag. Eine kleine Atempause von fünf bis fünfzehn Minuten ist schon ausreichend. Ob im Liegen oder im Sitzen, auf deinem Sofa oder im Bett. Die Hauptsache ist, dass du dir einen ruhigen Platz mit so wenig Ablenkung wie möglich aussuchst. Leg dein Handy oder deinen Laptop zur Seite. Stelle alle Benachrichtigungen und Signale aus.

Mach dich bereit, nichts zu tun.

Mach dich bereit, das Nichtstun zu genießen.

Atme ein paarmal langsam und tief durch die Nase ein und aus. Spüre, wie sich die Atemzüge durch deinen ganzen Körper bewegen, als würden sie Bauch, Brustkorb und

Schulterblätter leicht massieren. Lass die Atmung danach angenehm ruhig werden. Löse dich von Spannungen und unnötigen Gedanken. Gib deiner Aufmerksamkeit Raum und entdecke, wie leicht sich Konzentration anfühlen kann. Dein Körper kann in vollkommener Entspannung sein, du aber kannst aktiv und wach deinen Atembewegungen folgen. Richte deine Aufmerksamkeit nun auf deine Stirn. Vielleicht nimmst du ein leichtes Stechen wahr oder eine Entspannung, die sich wie eine leichte Wärme anfühlt. Richte die Aufmerksamkeit ruhig auf die Bewegungen in deiner Stirn, bevor du sie langsam auf deinen ganzen Körper ausweitest.

Wenn du bereit bist, die Reise durch deinen Körper zu beenden, kannst du deine Augen öffnen, sitze aber noch eine Weile still da. Du erkennst, dass die Stille nicht nur existiert, wenn du die Augen schließt und deine Aufmerksamkeit ins Innere gerichtet ist, sondern dass sie auch noch da ist, wenn du die Augen öffnest.

Erlebe deinen Körper in Stille.
Erlebe deinen Geist in Stille.
In Ruhe. Still.

In seinem Text *Von der Kürze des Lebens* schreibt der Philosoph Seneca: «Ein kleiner Teil des Lebens nur ist wahres Leben.» Für mich gehört die Stille zu diesem Teil, in den Pausen wird das deutlich. Spürt man sie tief in sich, ist Dankbarkeit die einzige angemessene Reaktion.

STILLE IM MITGEFÜHL

Meine Familie sitzt eng beieinander im Kreis, auf einer dicken weinroten Matte im Klosterraum des *Shechen Monastery*, in einem Vorort von Kathmandu, der Hauptstadt Nepals. Hier drinnen gibt es alle buddhistischen Zeichen, und die Ikonographie gibt Aufschluss darüber, welche einstigen Lehrer das Kloster zu dem gemacht haben, was es heute ist. Die Bedeutung der Geschichte ist spürbar und wird geehrt.

Zu unserem Kreis gehört Tulku Jigmey Samten, ein Freund und besonderer buddhistischer Lehrer, der sich früh im Leben mit den Gelehrten des Klosters identifiziert hat. Von ihnen hat er den Namen *Tulku* bekommen. Er erzählt, dass er von Kindesbeinen an den Wunsch gehabt habe, im Kloster zu leben, und wie betrübt er gewesen sei, als seine Eltern eine normale Schule für geeigneter hielten. Nach der Grundschule sei die Wahl leicht gewesen, und seitdem wohnt er mit vierhundert anderen Mönchen in einem Kloster, das kaum von der Außenwelt getrennt ist. Tagsüber hört man verschiedene Verkehrsgeräusche, Autos, die über Straßen donnern, die es kaum verdienen, Straße genannt zu werden. Nachts bellen die Hunde in einem aufgekratzten

Chor, der erst abebbt, wenn es schon wieder hell wird. Ich konnte deswegen nächtelang nicht schlafen, und mir wurde klar, dass der Tag-Nacht-Rhythmus der Mönche ein ganz anderer ist, denn viele von ihnen schlafen tagsüber außerhalb der Klostermauern.

Jigmey antwortet ruhig auf die Frage meiner Töchter, die sich danach erkundigen, ob er Stress habe. «Aber selbstverständlich! Stress und negative Gefühle. Das ist ganz natürlich.»

Selbst im Kloster gibt es Möglichkeiten zur Ablenkung, und viele Mönche besitzen ein Handy, «the miracle of our time», wie es Jigmey nennt. Die Ältesten des Klosters hatten vorgeschlagen, die «alten schwarz-weißen Telefone» ohne neumodische Funktionen zu benutzen. Doch dieser Vorschlag wurde überstimmt, viele Mönche möchten die bekannten Kanäle wie WeChat, Facebook und YouTube nutzen. Viele der Mönche versuchen regelmäßig, die geltenden Regeln im Kloster zu umgehen, und verstecken das Handy während des Unterrichts unter einer Mönchskutte. «Smartphones machen uns zu Dienern», sagt Jigmey. «Ich finde die neue Technik spannend, und sie imponiert mir, auf der anderen Seite habe ich auch oft Lust, mein Handy einfach wegzuwerfen.» Während Jigmey uns herumführt und etwas zu einer der schönen Statuen sagt – Avalokiteshvara, die Abbildung unseres eigenen inneren Mitgefühls –, schiele ich durch ein feines Fliegengitter. Draußen sehe ich einen der jüngeren Mönche, der an einer wackeligen Abwehr vorbeidribbelt. Er versetzt dem Ball einen gezielten Stoß, und der Ball landet in der unteren linken Ecke eines provisorischen Tors. Yes! Ein kurzer Jubel, und der weinrote Stoff des Torschützen flattert in der tiefstehenden Sonne, während er in einer Pirouette den rechten Arm in Siegerpose ausstreckt. Das Glück ist hier, und wir leben unter derselben Sonne. Es gibt dieselben Freuden, dieselben Hindernisse, die wir überwinden müssen, und denselben Wunsch nach einem Zusammenhang und einem Sinn. Aber hier gibt es einen Unterschied, und wir hören Jigmey genau zu: «Mit Angst, Unruhe und Stress umgehen zu können bedarf einiger Übung, und du brauchst eine Motivation, die dich immer wieder stärken kann. Die Motivation, die wir hier im Kloster praktizieren, besteht darin, anderen Gutes zu wünschen. Ich beruhige mich mittels kurzer Rituale, morgens und abends.» Die Mitgefühlsmeditation oder Metta-Meditation ist das Fundament buddhistischen Meditierens. Ein Mitgefühl, das von Weisheit geprägt ist, Weisheit, die aus dem Verständnis füreinander erwächst. Schwierige Situationen lassen sich so besser verstehen, und wir können besser mit ihnen umgehen. Mitgefühl wird zu einem Katalysator für bestmögliches Handeln, führt aber auch zur Einsicht, unsere Grenzen zu akzeptieren und uns nicht dort aufzuregen, wo wir nichts ausrichten können.

Jigmey sagt: «Man kann seinen Geist in kurzer Zeit motivieren und in eine positive Richtung lenken. Bei unserer Methode geht es um gute Intentionen für andere und einen selbst. Man wünscht anderen Gutes, vorbehaltslos. Versucht es zweimal am Tag, jeweils ungefähr fünf Minuten lang.»

An die Stille anknüpfen, vorbereitet sein. Seinen Geist trainieren, genau wie viele von uns Zeit in das Training ihres Körpers investieren. In der buddhistischen Tradition wird viel Wert auf die Kultivierung des Mitgefühls gelegt. Am Tag besteht die natürliche Aufgabe der Mönche darin, jede Handlung vom Gedanken an das Gute begleiten zu lassen. Jeder Morgen, jede Stunde, jeder Atemzug ist eine neue Möglichkeit. Das durchzieht den Alltag und formt ihn.

«Wenn man diese Übungen regelmäßig praktiziert, bekommt man eine neue Struktur, die eines Tages im Leben eine große Hilfe sein kann. Sie macht das Leben leichter. Es geht dir besser, es geht den anderen besser, und mit negativen Gefühlen kannst du besser umgehen», sagt Jigmey, als wir in den kühlen Abend hinausgehen.

Ein Mönch kommt mit gesenktem Kopf an uns vorbei, in gehender Meditation. Ein paar Meter entfernt steht eine kleinere Gruppe Mönche, die von unserer Anwesenheit keine Notiz zu nehmen scheint. Sie haben sich um einen älteren Mönch versammelt. Er hält etwas in seiner Hand. Bei der spärlichen Beleuchtung werden ihre Gesichter vom hellen Bildschirm des Mobiltelefons angeleuchtet, als würden sie direkt in eine funkelnde Schatzkiste sehen.

Die Dunkelheit legt ihr dicht gewebtes Netz über das Kloster, und wir navigieren uns mit Hilfe des Lichts unserer iPhones zurück in unsere Räume. Ein vierbeiniger Mischling läuft lautlos neben mir vorbei, und ich zucke zusammen. Ein paar Minuten später hallt erstes Gebell in der Dämmerung. Eine unmittelbare Antwort kommt aus der weiteren Ferne. Ich wollte heute Nacht doch gut schlafen.

MINDFULNESS IM ALLTAG

Mit Mindfulness ist die Fähigkeit gemeint, sich bewusst in der Gegenwart wahrzunehmen. Das ganze Leben als eine Serie von Augenblicken zu sehen kann eine neue Perspektive geben. Jeder einzelne Augenblick trägt einen Sinn für die Gegenwart. Automatismen und Gewohnheiten werden durch das Erleben der Wirklichkeit ersetzt. Klare und ungefärbte helle Wachheit schafft sowohl Nuancen als auch das Gefühl, aus den subjektiven Empfindungen herausgehoben zu werden.

Es ist Juli in Blekinge. In mediterraner Gewohnheit folgt ein Tag gemächlich auf den nächsten. Auf den blauen Kugeldisteln vor der Verandatreppe unseres Sommerhauses wechseln sich Hummeln in hastigem Tempo ab. Unsere Außentür steht sperrangelweit offen, und alle Geräusche des Gartens dringen ins Haus.

Als ich abwasche, fällt mir mit einem Mal auf, auf wie viele verschiedene Weisen man abwaschen kann. Man kann abwaschen und es dabei möglichst schnell hinter sich bringen wollen, um dann zur nächsten Aktivität überzugehen. Oder, in einer Paarkonstellation, es als ewiges Gerechtigkeitsbarometer betrachten: Wer abwäscht, weiß auch stets, ob er oder sie gerade an der Reihe ist. Man kann während des ganzen Vorgangs des Abwaschens denken, dass die Handlung vollkommen sinnlos und allein das Ziel wichtig ist.

Auf andere, interessantere Weise abzuwaschen hieße, es mit einem aufmerksamen Geist zu tun. Das mag banal klingen, aber man kann dem Wasser dabei zuhören, wie es ins Abwaschbecken läuft, den Geruch des Spülmittels wahrnehmen und die Temperatur des Wassers auf der Haut spüren. Es mag merkwürdig erscheinen, auf diese Weise abzuwaschen, aber darin liegt kein negatives oder hektisches Gefühl, wodurch uns Lebenszeit verloren geht.

Denn in der Eile bist du schon in der Zukunft, in deiner Geschichte oder nur in den Schatten der Abwesenheit.

Ich erinnere mich zum einen an den Zen-Mönch und seine Ausführungen zum einfachen Teetrinken mit einem Bewusstsein für die Gegenwart, welches die Einsamkeit vertreiben könne, zum anderen an die Studie, die nachweisen konnte, dass Personen, die eine alltägliche Handlung mit guten Intentionen und bewusst ausführten, ein um 27 Prozent niedrigeres Stress- und Nervositätslevel aufwiesen. Beides bestärkt mich zusätzlich in meinen eigenen Alltagsuntersuchungen.

Nachdem ich den Job als Tellerwäscher angenommen hatte, mehr oder weniger täglich während der Ferienwochen, merkte ich, dass ich ruhiger wurde, je sorgfältiger ich mich auf die Details beim Spülen konzentrierte. Mir fiel auch auf, dass die Arbeit im Verhältnis zur Erfahrung kaum der Rede wert war.

Der Abwasch ist groß, wenn eine Familie auf engem Raum in einem Sommerhaus lebt. Das Warmwasser ist begrenzt, und in der Küche ist es eng.

Ich legte beim Spülen eine klare Reihenfolge fest, nach der alles seinen Platz hatte. Ich hielt die Flächen ringsum sauber und behielt täglich einen ganz bestimmten Rhythmus bei. Dass sich alles wiederholte, war eine wesentliche Komponente.

Es war wichtig, nicht darauf zu achten, wie viel Geschirr abgewaschen werden musste, denn wenn ich das tat, spürte ich einen Widerstand. Dann waren da negative Gefühle, und mir schien das Ende wichtiger als der Abwasch selbst. Unabhängig von der Höhe des Geschirrbergs sollten Struktur und Methode beibehalten werden. In allen Abläufen ist man achtsam: Zunächst ist das Geschirr überall fleckig vom Schmutz, doch mit gefühlvollen Bewegungen und mit ein wenig Wasser schimmert es danach wieder. Dann wird ein Teil zum Trocknen aufgestellt und man wäscht das nächste ab.

In Zeiten, in denen du dich über etwas aufregst, wütend bist oder dich etwas ausflippen lässt und es schwer ist, die Gedanken zu beherrschen, kann eine solche Alltagshandlung das Gedankenkarussell ausbremsen. Du legst deine Wäsche zusammen, sortierst deine Siebensachen, schaffst Ordnung für die kommende Woche oder wäschst dein Geschirr ab. Die Aufgabe ist glasklar, und es ist leicht, sich ihrer anzunehmen. Achtsamkeit bei einfachen Alltagshandlungen kann ein Weg zum Frieden mit dir selbst sein und ein Weg zurück in einen ruhigeren und friedlichen Zustand.

Wenn am Ende alles sauber war, fühlte ich mich gut. Ich hatte mich der Situation ganz hingegeben und die Zeit genutzt. Die Kontrolle über die Situation behalten und mich vor einem wilden Gedanken- und Gefühlschaos bewahrt. Es war, als bekäme man die Kontrolle über sein dahinrasendes Leben zurück. Eine andere wichtige Erfahrung war, dass die Achtsamkeit nicht aufhörte und sich auf das übertrug, was ich nach dem Abwasch begann.

Alles wurde von bewusster Achtsamkeit begleitet. Ohne einen Anfang. Oder Schluss. Ich konnte mir, mit anderen Worten, selber aussuchen, ob ich den Abwasch mochte oder nicht.

Der Gedanke, dass wir die Wahl haben, ja, dass alle Menschen in ihrem Herzen die Wahl haben, ist ein buddhistischer Leitgedanke, an den ich mich halte. Wir haben die Wahl zwischen dem Positiven und dem weniger Positiven, dem Guten und weniger Guten, Liebe und dem Fehlen von Liebe. Sein Geschirr abzuwaschen ist eine triviale Handlung, und ich möchte nicht behaupten, dass es im Leben mit all seinen Umständen immer einfach ist, eine solche Wahl zu treffen. In manchen Situationen sind Gefühle von Hoffnungslosigkeit die einzige gesunde Reaktion. Aber wenn du genau hinhörst und bereit bist innezuhalten, auch dann, wenn du einen Widerstand spürst, öffnet sich Raum zwischen deiner Erfahrung, deiner möglichen Reaktion und dem verbleibenden Gefühlszustand.

Denn wir begegnen allen möglichen Formen von Schmerz in unserem Alltag. Eine Bagatelle kann einen gewaltigen Gefühlssturm in uns auslösen und bewirken, dass unsere Reaktion sich unserer Kontrolle entzieht. Das ist natürlich. Erst im nächsten Schritt haben wir eine Wahlmöglichkeit. Wenn wir Empathie und Toleranz als Begleiter zulassen, können wir aufmerksam werden und Verantwortung übernehmen. Dann kann mitunter selbst eine so einfache Sache wie das Abwaschen heilsam sein.

ATEMRAUM

Ich kann nicht atmen», meinte eine Yogaschülerin, die zu einem meiner Kurse in Yoga und Meditation gekommen war. Klinisch gesehen war die Situation weit von einer akuten Atemnot entfernt, selbstverständlich konnte sie atmen. Dennoch beschrieb sie die Erfahrung des Atemholens als flach und schwer kontrollierbar, sie konnte den Atem tatsächlich nicht vertiefen und so zu einem angenehmeren Körpergefühl gelangen. Da es ihr schon eine Weile so ging, war das Atmen zu einem Problem geworden. Die Atmung geschieht automatisch, unabhängig davon, ob wir uns dessen bewusst sind oder nicht. Nur selten denken wir in unserem Alltag: Ich atme. Aber wenn wir die Kontrolle über unsere Atmung ganz verlieren und der beschleunigte Atem normal wird, erhöht sich das Stressrisiko, und wir fühlen uns eingeengt.

Es gibt einen guten Grund dafür, dass Bücher wie dieses auf fast eintönige Weise die Wichtigkeit des Atmens und dessen Funktion als Stressverminderer betonen. Geregelte Atmung hat einen positiven Effekt auf unser Gehirn, und tiefe Atemzüge signalisieren dem Körper über den Vagusnerv, dass er sich entspannen und zur Ruhe kommen darf. Das Ausüben von Atemtechniken ist ein wichtiger Bestandteil der Yogapraxis, und das Beherrschen dieser Techniken gibt einen Halt im Alltag, wir meistern schwierige Situationen besser.

Eine Übung, die zu einer solchen Erfahrung führt, ist so einfach, dass du sie beim Lesen des Textes befolgen kannst. Während du langsam weiterliest, versuchst du, deine Atemzüge pro Atemzyklus um eine Idee zu verlängern. Unabhängig davon, ob du durch die Nase oder den Mund einatmest, wirst du die Auswirkungen im Körper spüren. Wenn du bei diesem Absatz angekommen bist, wiederholst du folgendes: *Atme ein, fülle die Lungen zu einem Drittel und mache eine kurze Pause. Wiederhole das und mache wieder eine Pause. Atme dann ganz tief ein und halte den Atem kurz an, deine Lungen sind jetzt maximal geweitet.*

Atme aus und wiederhole diese drei Schritte, bis die Lungen ganz leer sind. Versuche, im Körper entspannt zu bleiben, wiederhole die ganze Übung drei- bis viermal.

In einem passiven Zustand und in der Meditation hole ich zirka sechs- bis siebenmal in der Minute Luft, bei Stress hingegen liegt die Anzahl der Atemzüge in einer Minute eher bei fünfzehn bis fünfundzwanzig. Im ruhigen Zustand erlebe ich die Atmung als eine tiefgehende Wellenform, weniger als eine schnelle ein und aus gehende Bewegung. Jeder Teil des Atemholens wirkt sich auf Körper und Geist spürbar aus. Tief zu atmen gibt mir die Möglichkeit, Stille jederzeit zu erleben. Für eine solche Situation bzw. Technik gibt es einen eigenen Namen: *Reflexmeditation*. Nehme ich unmittelbare Gefühle von Stress und Unruhe in mir wahr, richte ich meine Aufmerksamkeit auf die tiefer gehende Atmung, das wird wie durch einen Reflex ausgelöst. So wie der Einsatz eines Triggers bei Sportlern im entscheidenden Moment zu enormen Leistungen führt, kann ein erhöhtes Stresslevel zu einem alltäglichen Trigger werden, um die Aufmerksamkeit umgekehrt wieder auf das zu richten, was beruhigt. Durch die Technik habe ich mir angewöhnt, das Negative zu etwas Positivem zu wenden. Als ich anfing, mit der direkt wirksamen Reflexmeditation zu experimentieren, fiel mir auf, dass sie sich nach ein paar Monaten Praxis verselbstständigt hatte. Die Ruhe kam durch einen Reflex.

In einem Interview aus dem Jahr 2017 erzählt Hillary Clinton enthusiastisch von der «wechselseitigen Nasenatmung», die ihr dabei geholfen habe, während der intensiven Wahlkampfzeit, gefolgt von der bekannten Niederlage, Ruhe zu bewahren und Trost zu finden: «Sitzt man mit überkreuzten Beinen auf der Yogamatte und atmet tief ein, hält die Luft an und atmet dann langsam aus, ist das wirklich sehr entspannend.»

Die Übung, die Hillary Clinton beschreibt, wird auf Sanskrit *Nadi Shodana* genannt. Bei dieser Übung verschließt man mit dem Finger jeweils ein Nasenloch im Wechsel, so alterniert die Luft zwischen den Nasenlöchern. Einige der bekannten Auswirkungen der Übung sind die Senkung der

Herzfrequenz und des Blutdrucks. Es ist hilfreich, dass einfache Techniken wie diese auf öffentlichkeitswirksame Weise verbreitet werden. Während der Skeptiker die Nase rümpft und meint, diese Handlung sei sinnlos und symptomatisch für unsere Zeit, bezeugt eine Welt von Praktizierenden den Nutzeffekt dieser Übung, die sie sowohl Ruhe als auch Zuversicht erfahren lässt. Atemzüge sind die Türen, die uns zur Stille in unserem Körper und der Atmung führen. Denjenigen, die den Kontakt zu ihrer Atmung verloren haben, gibt diese Technik die Möglichkeit, sich wieder mit ihr zu verbinden. Das kann ein erster Schritt zur unerschütterlichen Stille sein.

NADI SHODANA

Nimm eine bequeme Position im Sitzen oder Liegen ein. Lege Zeigefinger und Mittelfinger gegen die Innenseite des Daumens der rechten Hand. Drücke den rechten Daumen sanft an deinen rechten Nasenflügel und verschließe damit das Nasenloch. Atme tief ein, einen ganzen Atemzug durch das linke Nasenloch, und verschließe es dann mit Zeige- und Mittelfinger. Verringere den Druck des Daumens auf den rechten Nasenflügel und atme auf dieser

Seite aus. Atme daraufhin durch das rechte Nasenloch ein, verschließe es dann mit dem Daumen und gib für die Ausatmung den linken Nasenflügel frei. Wiederhole diesen Vorgang mindestens fünfmal auf jeder Seite.

SICHERHEIT IN DER VERÄNDERUNG SPÜREN

Wenn ich in meinem Alltag kurz innehalte und Raum entstehen lasse, der meine Aktivität drosselt, ist es, als würde ich mich in die letzte Reihe eines Kinosaals setzen und meinen Gedanken und Gefühlen auf der Leinwand zusehen.

Manchmal ist es ein spannender Film, manchmal auch ein ziemlich langweiliger. Oft geht es darin um etwas, das mich glücklich macht, und ich wünsche mir, dass der Film ewig weitergeht. Nicht selten geschieht plötzlich etwas – dann werde ich unruhig, und ich wünschte, jemand könnte abschalten. Aber der Film läuft weiter, in einer Anzahl von Episoden, bis zur Einsicht, dass sich die Dinge über die Zeit verändern.

Meditation bedeutet, den Geist oder das Gemüt zu stabilisieren. Mit *stabil* ist hier nicht gemeint, dass unser Geist inaktiv wird. Durch seine natürliche Aktivität sorgt er vielmehr dafür, dass du dich stabilisieren kannst, ohne an einzelnen Filmsequenzen hängenzubleiben. Ohne dass deine Welt aus dem Gleichgewicht kippt, kannst du eine stabile Klarheit im Umgang mit negativen und positiven Erfahrungen erreichen. Du kannst den Mechanismus verfolgen, nach dem ein Gefühl Form annimmt und wieder verschwindet.

Der Trappistenmönch Thomas Merton hat es so formuliert: «Lasst uns nicht in die Kontemplation gehen, um ein Problem zu lösen, lasst uns bei dem Problem selbst bleiben, es aushalten, bis es sich löst.»

Denn einerseits kann uns ein Gefühl lange im Griff behalten und uns in verschiedene Richtungen lenken. Ob wir das möchten oder nicht. Andererseits verändert sich ein Gefühl stetig. Immer. Wir können das gemeinsam testen. Notiere einen Gedanken oder ein Gefühl aus deinem Bewusstsein. Versuche, ihm eine Zeitlang zu folgen, die Verbindung zu ihm zu halten. Mit Geduld können sich neue Räume öffnen und die Lücken zwischen den Gefühlen andere Verhaltensweisen zulassen.

Vor ein paar Tagen bekam ich eine Mail. Es war schon spät, nach meiner eigentlichen Arbeitszeit, und ich weiß noch, dass ich kurz dachte, ich könnte sie auch am nächsten Tag ansehen. Aber ich entschied mich, die Nachricht gleich zu lesen. Sie war kurz, aber etwas am Tonfall, an Wortwahl und Stil des abgehackten Textes löste eine Reihe von Gefühlen bei mir aus. Es ging um die Arbeit und spielte auf ein Treffen an, das ich an diesem Tag gehabt hatte. Die Worte riefen Gefühle von Ärger und Resignation hervor. Sogar Wut loderte kurz auf.

Plötzlich konnte ich meine Gefühle nicht mehr kontrollieren, und sie lösten Spekulationen und Phantasien aus. Die neuen Gefühle drängten mich dazu, schnell zu handeln, energisch und direkt. Scharfe Formulierungen und versteckte Vorwürfe nahmen in meinem Kopf Gestalt an.

In dem Moment fiel mir ein, dass Abraham Lincoln in einem solchen Fall immer eine bestimmte Technik angewandt hatte. Er schrieb einen *hot letter*. Keines der wahrgenommenen Gefühle musste unterdrückt werden, und er konnte ohne Umschreibungen loswerden, was in seinem Inneren vor sich ging. Er schickte den Brief nie ab. Stattdessen legte er ihn zur Seite und wartete ab. Er akzeptierte das Gefühl der Wut, ließ es aber eine andere Richtung einschlagen und beobachtete danach sein langsames Abklingen. Am nächsten Tag schrieb der Präsident den Brief erneut und versandte die durchdachtere Version. Die Worte kamen dann von einem anderen Ort in ihm. Eine beeindruckende Übung in Selbstbeobachtung, aber auch eine Situation, in welcher der erste Brief, milde gesagt, weitreichende Folgen hätte haben können.

Denn noch einmal: Einerseits kann uns ein Gefühl fest im Griff haben, andererseits wissen wir, dass sich das Gefühl mit der Zeit verändert. Es entsteht aus dem Nichts, erhebt sich wie eine Welle aus dem Meer, um sich, nachdem sie am Strand aufgeschlagen ist, ins Meer zurückziehen. Sie existiert dann nicht länger als einzelne Welle.

Wenn du still sitzt und nichts tust, erlebst du, wie eine Menge Wellen an deinem Strand ankommen. Genauso viele, wie schon wieder unter der Wasseroberfläche verschwunden sind. Die Pause zwischen den Gefühlswellen wird greifbarer. Stille erleben bedeutet, sein Herz tief in sich zu spüren. Anstatt sich davon abzuwenden, wendet man sich ihm zu, und nach diesem Gefühl werden neue Gefühle kommen, die sich auch wieder verändern werden.

Vielleicht denkst du, dass du aufhören solltest, emotional zu sein. Das solltest du nicht. Es ist ein Teil deiner Persönlichkeit. Du kannst dich selbstverständlich weiterhin freuen, traurig sein, lachen, von guter Musik eine Gänsehaut bekommen, dich in einen Liebestaumel fallen lassen. Aber wir müssen uns von keinem dieser Gefühle beherrschen lassen. Wir haben die Wahl. Diese Einsicht kann deinen Alltag so viel einfacher machen. Wenn dein Gemüt auf diese Weise stabiler geworden ist, können sogar unwillkommene Gefühle zu einem Sprungbrett werden, in tragfähige Sicherheit, Vertrauen und Freude.

VERÄNDERUNGEN IM ALLTAG

Hoch auf einem Regal in der Küche meiner Urgroßeltern lag früher ein großes weißes Meeresschneckenhaus. Wenn ich mein Ohr an seine Öffnung hielt, hörte ich lautes Rauschen. Als sei das Meer aufs Land gefolgt und hätte sich in den Wänden des Schneckenhauses eingenistet. Jedes Mal, wenn ich meine Urgroßeltern im Süden von Skåne besuchte, stellte ich mich auf die Zehenspitzen, um an das Meeresschneckenhaus heranzukommen. Bereit zu lauschen. Es war immer wieder eine unerwartete Erfahrung. Das Brausen in seinem Inneren ließ das Bild eines stürmischen Meeres ohne Horizont entstehen, mit Wellen, die so gewaltig waren, dass das Rauschen nicht nachließ. Die fast betäubenden Geräusche strömten mit anhaltender Stärke durch meine Gehörgänge und ließen meine Gehörknöchelchen vibrieren. Obwohl man mir das Phänomen nach und nach erklärte – *ja, daran liegt es* –, war ich wie verzaubert und kam viele Male nicht aus der Faszination des Moments heraus. Alles war still und ruhig. Stille ließ sich auch in hoher Lautstärke finden, und die Ruhelosen konnten sie dort vielleicht sogar besser hören.

Das Kind brauchte keine Erklärung – was geschah, geschah, und was vorhanden war, wurde zum Leben erweckt; ein Sinn musste nicht erst gefunden werden. Aber das traumversunkene Spiel des Kindes wird ernsthafter, und die Fähigkeit des Kindes, nur im Hier und Jetzt zu sein, geht schnell verloren. In einer Zeit, in der wir ständig online sind, verlieren wir den Kontakt zum *Jetzt*. Es fühlt sich an, als seien wir auf dem besten Weg dahin, uns regelrecht auszuklinken.

Das wurde mir vor einigen Jahren erst richtig klar, als ich beschloss, ein paar kleine Änderungen vorzunehmen, die einen unerwartet starken Einfluss auf mein Leben nahmen. Wie alle anderen bin ich oft online, was in verschiedener Hinsicht gewinnbringend und unterhaltsam ist. Nach diesen Änderungen in meinem Tagesablauf wuchsen mein kritisches Bewusstsein und meine Wachsamkeit: Denn ich begriff, dass die digitalen Akteure aktiv und mit Hilfe verschiedener Trigger des Belohnungssystems im Gehirn dafür sorgen, dass wir uns auf eine gewisse Weise verhalten. Die digitale Struktur erweckt die Illusion der Wahlmöglichkeiten, unsere Gehirne werden gefangen genommen, und wir bemerken es nicht einmal. Die Kombination aus einer intelligenten Schnittstelle und smarten Verhaltensforschern bewirkt, dass unsere Handlungen in einigen der größten digitalen Arenen größtenteils manipuliert sind. Unsere scheinbar freie Entscheidung wird drastisch eingeschränkt. Aber nicht nur das: Wir sind gar nicht immer zufrieden mit den Entscheidungen, die wir selber treffen.

Laut einer Studie aus den USA benutzen wir unser Smartphone durchschnittlich 4,7 Stunden täglich, davon verbringen wir einige Stunden in den sozialen Netzwerken. Eine Untersuchung des *Center for Humane Technology*, durchgeführt an 200 000 Testpersonen, ergab, dass mehr als die Hälfte der Befragten damit unzufrieden waren, wie sie ihre freie Zeit in den sozialen Medien verbrachten. Die eigene Entscheidung hat zu einem Verhaltensmuster geführt, das sich schwer durchbrechen lässt, und, schlimmer noch, dazu, dass wir uns Selbstvorwürfe machen. Wir konsumieren weiter, obwohl wir gar nicht hungrig sind. Gedopt von klugem psychologischem Design. Wir bekommen immer weniger mit. Sind immer öfter abwesend.

Ich begann, mein Zuhause in verschiedene Bereiche und Zeitzonen einzuteilen. Ein *Medienfasten* sollte die Gehirnmuskeln entspannen.

Meine erste Reaktion äußerte sich in Form einer gesteigerten Aufmerksamkeit für den Übergang vom Tun zum Sein. Den Übergang vom Außen ins Innere. Wenn ich heimkam, zog ich eine deutliche Grenze und hielt inne, um abzulegen, wovon ich mich trennen konnte. Ich begab mich in einen *Nichts-tun-Modus*, dazu setzte ich mich zum Beispiel in einen schönen Sessel und dachte einfach nach. Ein Platz, an dem ich mich vom Berufsalltag verabschieden konnte. Vielleicht gab es noch einen Gedanken, der sich nicht verzog und zu Ende gedacht werden wollte. Gleichzeitig wollte ich schon in der Nähe meiner Familie sein.

Diese Art des Heimkommens unterscheidet sich massiv von der anderen, bei der man zur Hälfte noch in der Außenwelt steckt. Wenn du Kinder hast, bemerkst du den Unterschied an der Art und Weise, wie du zuhörst.

Noch wichtiger war es, Handy und PC am Abend auszuschalten, sie erst am Morgen wieder anzuschalten und keine elektronischen Geräte mit in das Schlafzimmer zu nehmen. Um Letzteres möglich zu machen, kaufte ich einen analogen Wecker. Ja, die gibt es noch, und sie funktionieren ausgezeichnet.

Der Effekt war unmittelbar zu spüren und schlicht phantastisch. Das Verlassen der digitalen Sphären setzte größere Zeiträume frei als gedacht. Mir wurde nicht nur klar, wie viel mir der Bildschirm von meiner Freizeit raubte, sondern auch, wie viel mentale Zeit durch das Kreisen meiner Gedanken nach längerem Surfen im Internet verbraucht wurde.

Wenn mich jemand rief, musste ich weder um etwas Geduld bitten, noch war ich genervt. In der ersten Zeit waren die Impulse noch da. Eine Hand, die sich nach dem Handy ausstreckte, ohne den genauen Grund zu kennen.

Abends hatte ich wieder Lust, ein Buch zu lesen. Das Lesen ist natürlich auch eine Form der Beschäftigung, unterscheidet sich aber doch wesentlich vom unaufhörlichen Surfen im Internet. Ein Buch besteht aus Kapiteln und einem Schluss, und das Buch an sich hat eine gewisse Anzahl von Seiten. Das Internet ist endlos. Inzwischen gibt mir das Wissen, mit etwas aufhören zu können, am Ende des Tages ein schönes Gefühl. Die Zeit vor dem Bildschirm wird gegen Zwischenräume eingetauscht, in denen sich Kreativität entfalten darf. Wenn ich mich über einige Stunden hinweg nicht einer bestimmten Sache widmete, bekam ich Ideen. Wie früher als Kind, als es nicht wirklich etwas zu tun gab. Meine Mutter war wie viele Mütter felsenfest davon überzeugt, dass es gut war, wenn ich nach draußen ging, sobald sich die Wolken verzogen hatten. Ich erinnere mich, dass ich oft auf der Straße spielte, in der wir wohnten, auf dem Gehweg saß und darauf hoffte, dass früher oder später ein Spielgefährte vorbeikam. Langeweile war wahrscheinlich das Beste, was mir hatte passieren können. Sie war ein Sprungbrett in die Kreativität. Zu diesem Schluss kamen auch Forscher einer britischen Studie, die ihre Testpersonen eine Reihe langweiliger Aufgaben erledigen ließen, wie das Lesen eines gedruckten und nicht mehr gültigen Telefonbuchs. Nachdem sie die Aufgaben erfüllt hatten, wurden sie aufgefordert, so viele Ideen wie möglich zu sammeln, wie man eine gewöhnliche Plastiktasse zum Einsatz bringen konnte. Der Untersuchung zufolge waren die Ergebnisse dieser Testpersonen weitaus kreativer als die einer Vergleichsgruppe.

Ein anderes Forscherteam stellte fest, dass Personen aus einem Zustand der Langeweile heraus schneller altruistische Impulse in sich wecken konnten. Im Stadium der

Langeweile würden Gefühle der Sinnlosigkeit entstehen. Das führte dann dazu, dass wir versuchten, den Sinn wiederherzustellen, indem wir zum Beispiel Blut oder Geld zu Wohltätigkeitszwecken spendeten.

LASS DEINE HÄNDE RUHEN

Wir benutzen unsere Hände im Alltag sehr häufig. Handys und Computer werden durch die Bewegungen unserer Hände gesteuert. Mitunter deuten rastlose Hände auf Stress oder eine innere Unruhe hin, und mir ist schon öfter aufgefallen, dass sich Meditierende häufiger zu Beginn der Meditation kratzen. Unsere Hände brauchen Ruhe.

Als eigene meditative Übung kannst du sie auf deinen Knien ruhen lassen, Handflächen nach oben, sie dürfen ganz passiv sein, spüre nur das Gewicht der Hände und den Kontakt zwischen Hand und Bein. Das Ruhen deiner Hände ist ein Weg in Richtung Stille und steht in starkem Unterschied zum aktiven Tun. Wenn die Hände still liegen, kannst du Daumen und Zeigefinger der jeweiligen Hand zusammenführen. Die Berührung sollte so leicht sein, dass du sie gerade einmal wahrnimmst. Lass die Achtsamkeit dort und halte die sanfte Berührung für eine Weile. Intensiviere die Berührung nicht, die Finger sollten den Kontakt zueinander aber auch nicht verlieren.

Kannst du deine Hände jeden Tag ein Weilchen ruhen lassen?

ZUHÖREN

Nachdem wir gelernt haben innezuhalten, werden Stille und der Raum zum Atmen schrittweise in unseren Alltag einziehen.

Wir können uns auch beibringen, auf eine neue Weise zuzuhören. Unsere Achtsamkeit wachsen lassen, wenn eine andere Person etwas sagt. Denn oft formulieren wir innerlich schon eine Antwort, bevor wir das Gesagte richtig aufgenommen haben. Als ob wir schon vor dem Satzende wüssten, was gesagt wird. Die Bedingung für achtsames Zuhören ist, erst einmal selbst ganz ruhig zu werden.

Vor vielen Jahren studierte ich Sprachwissenschaften an der Universität. Für Gesprächsübungen wurden wir in Vierergruppen eingeteilt. Ein anderer männlicher Student und ich sollten uns mit zwei Studentinnen darüber unterhalten, was der Sommer für uns bedeutete. Das Thema war belanglos, aber unser halbstündiges Gespräch darüber sollte aufgenommen und später transkribiert werden. Alle Wörter, die gesagt wurden, aber auch alle Partikel wie ach so, jaja, hmm und aha. Danach sollten wir das Gespräch analysieren, und das erinnere ich als schmerzhaften Prozess. Es wurde deutlich, dass wir kaum zuhörten, wenn eine andere Person sprach. Wir bemerkten auch, dass wir alle hier und da Partikel und ein verstärkendes *Ja* einwarfen, damit aber unterschiedliche Ziele verfolgten. Einerseits zur Bekräftigung des eben Gesagten, als Zustimmung: *Was du sagst, ist interessant.* Oft genug wurde damit aber auch Ungeduld oder ein Nichtübereinstimmen zum Ausdruck gebracht, der Art: *Komm zum Ende, ich habe etwas Interessanteres zu sagen.* Leider verhielten überwiegend wir Männer uns so.

Eine andere Art zuzuhören ist das «absorbierende» Zuhören, bei dem man Blickkontakt herstellt, Interesse für das Gesagte zeigt und die Sprechende dazu ermuntert, ihre Gedanken zu äußern. Durch diese Zugewandtheit wird die Tür zum Dialog geöffnet. Von hier aus kann das Zuhören vertieft werden. Das kann den Schmerz der anderen Person lindern. Die Sprechende kann belastende Dinge loslassen.

Du musst meine Meinung nicht teilen, kannst aber versuchen, mit einer gewissen Anteilnahme zuzuhören, ohne zu unterbrechen oder zu berichtigen. Sobald du das Bedürfnis wahrnimmst, unterbrechen zu wollen, vielleicht mit einem guten Rat, halte in stiller Achtsamkeit inne. Lass deine Zunge ruhen und sauge das Gesagte auf wie ein Schwamm. Es kann eine positive und heilende Wirkung auf die Sprechende haben, und das ist manchmal mehr wert als gute Ratschläge.

Versuche es das nächste Mal, wenn du mit deinem Kind oder einer Freundin sprichst. Schalte dein Handy aus und nimm die stille Position des Zuhörenden ein. Denke daran, dass die Sprechende selbst entscheidet, wo sie ihren Punkt setzt. Lass dann eine kleine Pause entstehen, bevor du antwortest, wenn eine Antwort überhaupt nötig ist. Nimm wahr, wie die Worte der Sprechenden aus der Stille kommen. Nimm wahr, wie sie verklingen. Zurück in die Stille.

Wie es in einem buddhistischen Zitat heißt:

«Wir sollten uns darin üben, anderen ehrlich zuzuhören – aber auch das Ungesagte zu hören. Wir wissen, dass wir durch achtsames Zuhören die Schmerzen derjenigen lindern können, die mit uns sprechen.»

DIE PAUSEN

Lass uns dieses Kapitel mit einer letzten Übung abschließen. Ich bitte dich lediglich darum, die Pausen zwischen meinen Worten aufmerksam wahrzunehmen.

Höre der Stille zu. Erlebe die Stille zwischen den Worten, wenn längere und längere Pausen entstehen.

Hier in diesen Zwischenräumen liegen

die Ruhe

und

die

Stille.

II

DIE NATUR

EIN BAUM IN MEINEM INNENHOF

Verschlungene Äste, eine dünne Schneedecke über den Gabelungen, emporstrebende Winterknospen, die Überreste eines Vogelnests. Obwohl ich weit von der Wildnis entfernt wohne, ruft der in die Jahre gekommene Ahorn in meinem Hinterhof dasselbe Staunen hervor, das ich auch tief im Wald empfinde. Vereinfacht gesagt: eine Ahnung von etwas Größerem und zugleich ein Ausdruck von etwas Zerbrechlichem. Wenn dieser Baum gefällt würde, gäbe es nichts Natürliches mehr vor meinem Fenster. Nur nackte Bauten und eine von Menschen erschaffene Umwelt. Wenn ich den Baum betrachte, überkommt mich nicht nur das Gefühl von Schönheit, ich nehme auch die Einheit zweier vergänglicher Leben wahr. Etwas bewegt sich zwischen den Zweigen, eine Amsel hüpft, behäbig und langsam, aus meinem Sichtfeld, und wie ein Reservoir der Stille steht der Stamm einfach da, die dünnsten Ästen wiegen sich leicht hin und her.

In der Zen-buddhistischen Literatur stößt man auf die Beschreibung kleinerer Bauten, die in der Nähe oder mitten in der Natur errichtet werden. Es handelt sich um sogenannte Betrachtungsräume, nur einige wenige Quadratmeter groß.

Sie sind aus der Ferne mit dem bloßen Auge kaum zu sehen, gut verborgen unter einem Baum oder auf andere Weise in die Landschaft eingepasst. Die Einrichtung dieser Häuser ist mit nur wenigen Möbeln und Gegenständen minimalistisch. Der Raum wird als ein Teil der Natur begriffen, und wer sich dort aufhält, kann Kräutern und Gras beim Wachsen zusehen und an deren Leben teilhaben.

Die Verbundenheit mit dem Außen wird durch den Boden noch unterstützt, er befindet sich auf einem Niveau mit dem Erdboden. Ein Verwachsen, bei dem auf größtmögliche Weise die Unterschiede zwischen Mensch und Natur abgebaut werden. «Es liegt eine tiefe und seltsame Zufriedenheit in der Gewissheit, dass das eigene Leben in der Einheit mit anderen irdischen Dingen vergänglich ist», so beschreibt der Schriftsteller John Cowper Powys das wechselseitige Verhältnis von Mensch und Natur.

Dem Wachsen in all seinen Formen nah zu sein ist für mich eine Quelle der Ruhe, es wirkt auch als Mittel gegen Erschöpfung und Überbelastung. Das ist eine allgemeine Erfahrung, konnte aber auch wissenschaftlich bestätigt werden.

Viele Forschungsberichte belegen die heilenden Auswirkungen der Natur auf die Menschen. So ist es vielleicht verständlich, dass mich als Bewohner einer von Asphalt dominierten Umgebung einige Studien besonders interessieren. Eine Studie der University of Exeter Medical School untersuchte den Zusammenhang zwischen der Nähe zu städtischen Grünflächen und der psychischen Gesundheit der getesteten Stadtbewohner. Es wurde festgestellt, dass sich deren Gesundheit über den Zeitraum von drei Jahren verbessert hatte.

Andere Studien belegen, dass unser Stressniveau in natürlicher Umgebung sinkt. Wenn wir uns in einer grünen Umgebung mit Bäumen aufhalten, werden wir ruhiger und erfahren einen stärkenden Effekt.

Positiv wirkt sich die Natur selbst dann aus, wenn sie uns nicht in der Realität umgibt. In einer geschlossenen Anstalt in Oregon untersuchte ein Forscherteam, wie sich Naturfilme auf die Patienten auswirkten. Für das Experiment wurden zwei Gruppen zu je 24 Personen gebildet. Die eine Gruppe bekam die Möglichkeit, bis zu fünfmal in der Woche Sport zu treiben, das galt auch für die zweite Gruppe, diese Gruppe konnte zusätzlich in einem separaten Raum einen 45-minütigen Naturfilm anschauen.

Über den Zeitraum von einem Jahr wurden die Stimmung, das Stressniveau und die Ausbrüche von Gewalt registriert. Das Ergebnis war bemerkenswert. Die Gruppe, die sich Naturfilme angesehen hatte, war ruhiger und zu 26 Prozent weniger an Gewalttaten beteiligt.

Wenn die Sinne, betäubt von Lärm und Abgasen, wieder mit der Natur in Berührung kommen, erholen wir uns. Es braucht nicht viel, um die Aufmerksamkeit zeitweise auf die

Stille zu richten. Einmal in der Stille angekommen, gibt es nichts, was sie als Gegenleistung verlangt. Anstatt an allen möglichen Orten herumzulaufen, bleibe ich öfter zu Hause und höre der Stille im Ahorn vor meinem Fenster zu. Der alte Stamm ragt hoch in den Himmel, Äste bilden die Silhouette. Die Tage sind kürzer geworden, in der Dunkelheit erkenne ich ein paar Tauben auf einem der dickeren Äste. Es ist, als würde die Stille durch ihre unbewegten Körper strömen.

In einiger Entfernung höre ich die Stadt.
Aber viel greifbarer ist die Nähe zur Natur.
Auf einem einzigen einsamen Ast.

EINE BEWEGUNG ZUR STILLE

Ich nehme die grüne Linie der Straßenbahn, sie führt nach Westen. Die Reise von meiner Wohnung in der Stockholmer Innenstadt bis zu meinem Ziel dauert nur zirka zwanzig Minuten. Die Bahn schlängelt sich langsam aus der Stadt heraus, doch nichts auf meiner Reise gibt Hinweise auf mein Ziel. Die Bebauung nimmt nicht ab, die Lautstärke des Verkehrs ebenso wenig, sie nimmt sogar noch zu, als wir die Tunnel verlassen und wieder Tageslicht sehen.

Vom Bahnsteig aus führt mich ein kurzer Spaziergang auf einen Trampelpfad in einem Naturreservat. Es ist eine fast merkwürdige Umstellung. Nach ein paar schnellen, ungeschickten Schritten bekomme ich ein Gefühl für den Untergrund. Wurzeln, kleine, spitze Steine und Insekten, die hier und da über den Boden flitzen. Mit der Zeit komme ich in einen Laufrhythmus, einen natürlichen Gang, bei dem ich weiß, wann ich die Füße anheben und wieder auf den Untergrund setzen kann.

Mein Oberkörper entspannt sich mit der zunehmenden Sicherheit der Füße am Boden, und meine Sinne öffnen sich für Düfte und Geräusche. Erst jetzt habe ich die Stadt richtig verlassen und bin im Wald angekommen.

Die Bäume säumen den Weg zu den Seiten, überspannen ihn wie Gewölbe und führen tiefer in den Wald hinein. Gewölbe aus Vegetation, in die man hineinsehen kann und erstaunt feststellt, wie sie das Licht fernhalten und sich eine gedämpfte Dunkelheit ausbreitet. Ich treffe fast keine Menschenseele auf dem Naturpfad und gehe noch eine Weile weiter, spüre den Wind auf meinem Gesicht und die Luft durch meine Nasenlöcher strömen.

Der gleichmäßige Rhythmus der Schritte und mein kräftiger Atem sorgen dafür, dass ich mich nicht von Gedanken ablenken lasse. Die Perspektive verändert sich deutlich und wird zum Spiegel der ruhigen Natur. Es ist, als würde ich mein schweres Alltagsgepäck am äußersten Rand des Weges zurücklassen und in Gesellschaft des leichten Windes weitergehen.

Der Wald ist ohne Zweifel ein Beispiel für einen Ort, der Ruhe spendet. Aber in Wirklichkeit zeigt sich fast das Gegenteil: Wenn du dich an einem Sommertag auf die Höhe der Grashalme begibst, kann das Summen der Insekten ohrenbetäubend sein, ein Eulenfalter stößt gegen einen handgroßen Wiesen-Bärenklau, vorbeifliegende Birkenblätter sirren in der Luft – während einer Windstille im Baumgewölbe kann man all jene Geräusche wahrnehmen, die sonst völlig überdeckt werden.

Es gibt aber noch eine andere Art des angenehmen und wohltuenden Wahrnehmens, wenn du zur Ruhe in deinem Körper finden möchtest, nämlich die Klangmeditation. Sie wirkt einfach und vermittelt rasch ein Gefühl der Verankerung im Hier und Jetzt. Ich laufe mit großen und bestimmten Schritten tiefer in den dunkleren Teil des Waldes hinein. Eines der Baumgewölbe lässt etwas mehr spärliches Licht hindurch, es scheint auf die Grasbüschel am Boden, als ließe sich dort etwas Wertvolles finden. Hier ist der Versuch sinnlos, sich einen Überblick zu verschaffen; eine sichtbare Ordnung gibt es nicht, und der Raum des Waldes lässt sich nicht erfassen. Diese natürliche und verwucherte Ordnung verhilft mir immer wieder zur Ruhe.

Ich schärfe meine Aufmerksamkeit durch ein paar lange Atemzüge; mein Atem wird daraufhin von alleine langsamer und behält diesen Rhythmus bei. Ich möchte mich jetzt auf ein Geräusch von allen anderen Geräuschen im Wald konzentrieren: Ist dessen Lautstärke stark oder schwach, dynamisch oder konstant, dumpf oder hoch, gut zu hören oder schwach? Wie verändert es sich während der Zeit, in der ich lausche? Woher kommt es? Wohin geht es?

Das Ganze wiederhole ich bald bei einem anderen Geräusch. So ergeben sich verschiedene Klangmuster, und ein Geräusch nach dem anderen tritt in den Bereich meiner Aufmerksamkeit ein. Ich kann schon bald mit meinem Fokus zwischen zwei Geräuschen hin- und herwechseln, beide gleichzeitig hören oder eins nach dem anderen, und erfahre dabei, dass ich den Fokus selber bestimmen kann. Darin liegt eine Freiheit für die überlasteten Sinne. Hier ist das zufällige und impulsive Wandern der Gedanken zu einem Ende gekommen, und die intensive Wahrnehmung der Geräusche löst keine Assoziationsketten aus, ich erfahre den Wald unmittelbar in seiner Einzigartigkeit.

Nur eine einzige Sache im Fokus: das Trommeln eines Spechts, das Crescendo des Windes in den zitternden Laubkronen der Espen, ein diffuses Geräusch aus weiter Ferne, das bald verebbt, das Geräusch meines Atems, der ganz nah ist. Eine Amsel flötet: Seid gut zu euch und den anderen. Ich lasse Samen des Mitgefühls in mir aufgehen und erinnere mich an alte buddhistische Texte, in denen die Rede davon ist, die Herrschaft des Ichs zu lockern und im Modus des Erkennens zu verbleiben. Das kann in seiner intensivsten Form auch als sehr angenehmer Zustand wahrgenommen werden, als seltsame Leere, und so, als würde etwas stillstehen, während sich ringsherum alles verändert. Ich kann diese Erfahrung noch nicht wirklich in Worte fassen. Aber wenn ich es richtig verstehe, bleibt immer etwas davon bestehen, eine ewige Fülle, ein Ur-Grund, der auch dann unerschütterlich scheint, wenn alles andere sich hektisch verändert. Er ist jede Mühe der Meditation wert, und die Tür wird danach nie wieder ganz geschlossen sein. Hast du dich einmal ganz heruntergefahren, dann spürst du die Tiefe und fürchtest dich auch nicht mehr davor. Wenn dann erneut Alltagslärm und Gefühle über dich hereinbrechen und sich wie die gesamte Welt anfühlen, kannst du dich daran erinnern, dass es noch etwas anderes gibt, das immer da ist.

Durch das Lauschen auf die luftigen Tönen der Wiese, des Waldes, durch die Wahrnehmung des eigenen Atems und namenloser Geräusche braucht es keine ausgeklügelte Technik, um in einen bedingungslosen und ungezwungenen Modus zu gelangen: ein wichtiger Moment, bei dem es passieren kann, dass Meditierende zu einer Einsicht gelangen. Anstatt nur zu genießen, erkennt man einen größeren Zusammenhang und umarmt die bittersüße Schönheit der Vergänglichkeit.

Der Weg zurück ist genauso lang, aber jetzt ist die Sicht klar, jeder Atemzug geht leicht, die fast verblühten Lupinen locken mit ihrem rosa Farbton, wenn der Wind sie seitwärts weht. Ein Raubvogel streift die Baumkronen, gleitet elegant im Windstrom. Und verschwindet.

DER
FESTE PUNKT

Norra Kvarken, im Westen Windstärke drei bis acht; Landsort zwei, aus nordwestlicher Richtung; Finska Viken acht bis zwölf aus südlicher Richtung; am Abend dreht der Wind gen Nordwesten, Windstärke circa fünf. Tyska Bukten im Süden Stärke sieben; Södra Bottenhavet drei bis sieben. In der Nacht nimmt der Wind aus südlicher Richtung zu, klare Sicht.

Der Seewetterbericht strömt eintönig aus dem Radio. Meine Eltern, meine Schwester und ich hören aufmerksam zu und schauen ins Nichts, jedes unbeabsichtigte Geräusch löst ein *Schschhh* aus. Es ist lange vor der «Alles-auf-einmal-Zeit», und wir sitzen stumm in der Kajüte. Wir befinden uns weit draußen in den Schären und warten darauf zu erfahren, ob es morgen möglich sein wird weiterzusegeln oder ob wir noch ein paar weitere Tage im Hafen werden ankern müssen.

Syd Utsira, Windstärke sieben östlicher Richtung, morgen wechselnd von eins bis vier, bei guter Sicht.

Bei der Monotonie dieser Stimme verliere ich mich in meinen Träumen. In meiner Phantasie segle ich an Orte mit schönen Namen: Skärgårdshavet, Tyska Bukten und weiter, gen Nordosten, zu den Klippen von Väderö. All diese Orte fühlen sich an wie mein Zuhause, ich halte mich an der Pinne fest, um bei starkem Seegang nicht nach unten in das Cockpit zu fallen. Einsam auf meinem Boot *Gypsy Moth*, nass bis auf die Knochen, und Salzgeschmack auf der Zunge. Richte mich geübt schnell auf, blicke zum Horizont und ziehe den Schot des Rollfocks zu mir heran, während eine neue Welle gegen den Bug des Schiffs schlägt.

Der Radiosprecher ist bei Hanö und Utklippan angelangt, und die Windgeschwindigkeit bleibt unter der magischen Grenze. Die Blicke meiner Eltern treffen sich. Wir haben die Information bekommen, die wir brauchen, ein Seufzer der Erleichterung, aber noch bleiben wir sitzen und hören der leiernden Stimme weiter zu. Wir schaukeln leicht im Rhythmus des Mantras:

Harstena, im Südwesten fünf, schlechte Sicht; Gotska Sandön, Wind aus südlicher Richtung, zwischen sieben und neun, abnehmend; Svenska Högarna und Söderarm zwei, Kemi vier, nordwestlich fünf.

Viermal am Tag, über vierzig Jahre lang, las Peter Jefferson den Seewetterdienst auf BBC. Die Tatsache, dass er in einer Sendung kaum hörbar einen vier Buchstaben langen Fluch mit dem Anfangsbuchstaben ‹f› ausstieß, wurde damit in Verbindung gebracht, dass er den Sender 2009 verlassen musste. Wahrscheinlicher ist allerdings, dass er seinen Job wegen der Diagnose Krebs aufgab. Den Zuhörern fehlte ihr Sprecher sofort, und ihre Reaktionen auf seinen Rückzug rissen nicht ab. Wie man erfuhr, hatte er mit seinen Seewetterberichten viele von ihnen abends in den Schlaf gewiegt. Die genannten Orte hatte kaum jemand je selbst besucht, sie waren aber auf eine Weise zu einem Teil ihrer aller Leben geworden. Das Gefühl der Zugehörigkeit wurde zu einer Boje, an der sich alle Zuhörenden bei stärker werdendem Wind festhalten konnten. Vor einigen Jahren las Jefferson dann nach langer Zeit des Schweigens wieder einen Wetterbericht. Dieses Mal in einem ganz neuen Zusammenhang, schon im Vorspann versprach er «ungewöhnlich milde und ruhige Wetterverhältnisse». Ein amerikanisches Unternehmen, einer der international größten Player im Meditationsgeschäft, hatte Jefferson darum gebeten, in seiner monotonen und ruhigen Art einen Wetterbericht zu lesen – als reine Entspannungsübung. Vorsichtig forderte er die Zuhörer dazu auf, ein paar tiefe Atemzüge zu nehmen, ganz zu sich zu kommen und, an welchem Ort auch immer, dem Wetterbericht zu lauschen. Sein Wetterbericht war zu einer Gutenachtgeschichte für Erwachsene geworden.

Im Jahr 2018 wurde die Zuhörerschaft des Schwedischen Radios befragt, wie wichtig es sei, den Seewetterbericht weiter zu senden. Der Bericht nahm immerhin fünfmal am Tag jeweils ein paar Minuten Sendezeit ein. Die meisten sprachen sich für das tägliche Senden aus. Jemand meinte sogar, für ihn sei es ein «Stressblocker», der fast zu einer Meditation werde. Eine andere Zuhörerin bemerkte, es sei entspannend, einem «Vorleser zuzuhören, der es mir durch die Art, *wie* vorgelesen wird, erlaubt, keine Stellung beziehen zu müssen».

Ich erzähle einer Bekannten von der Umfrage. Sie strahlt und sagt: «Es ist, als würde man Lyrik vorgelesen bekommen.»

Ja, vielleicht vermittelt etwas in seinem Rhythmus ein Gefühl der Stille. Vielleicht empfinden wir eine Zugehörigkeit zu etwas Größerem. Wir können uns trotz einigen Abstands mit den 209 Einwohner*innen von Utsira verwandt fühlen oder mit dem Leuchtturmwärter, der einsam in seinem Zimmer auf Utklippan sitzt und hofft, dass der starke Wind bald abnimmt. Das könnten auch wir sein, wir fühlen mit den anderen.

Im Zuhören auf Entfernung liegt eine Dimension, wir können einen illusorischen Punkt fokussieren und festhalten. Wenn die Welt um uns herum sich unsicher anfühlt, gibt es dennoch etwas Gleichbleibendes, eine feste Größe.

Wir finden alle unsere eigenen Wege in die erholsame Stille. Selbst wenn ein Wind von Norden her weht, zehn Meter in der Sekunde schnell und zunehmend, draußen bei den Fischerbooten.

DER GEISTERPARK

Heute überfluten die Gedanken meinen Kopf, ich fühle mich auf dumpfe Weise niedergeschlagen. Auf dem Nachhauseweg vom Job beschließe ich, eine Ruhepause zu machen. Ich habe es tatsächlich nicht eilig. Es ist erstaunlich, wie leicht eine kleine Planänderung und wie groß der Effekt einer Bewegung in die entgegengesetzte Richtung sein kann, die hier ihren Anfang nimmt. Vom Gedanken «Ich schaffe das eigentlich nicht» bis zur Motivation, doch etwas zu tun, ist kaum eine Anstrengung nötig, doch sie verändert alles.

Allein der Name des Parks lockt mich: «Geisterpark», er wird als Barockgarten beschrieben und ist, gelinde gesagt, kein Park, in den es einen im Vorbeilaufen lockt, wenn man ihn nicht kennt. Dort stehen stolze Ahornbäume in luftigem Abstand, einige ragen über den Weg hinaus, und so bilden ihre Kronen ein Blätterdach, unter dem ich mich auf eine Bank setze. Ein Schatten zieht eine Linie über die Pflastersteine. Eine der befahrensten Straßen Stockholms ist nur einen Steinwurf entfernt, und natürlich weigert sich die Stadt stillzuhalten, doch die innere Stille kann sie nicht übertönen. Ein später Nachmittag an einem gewöhnlichen Wochentag, und die meisten Besucher erstaunen mich. Viele schauen auf ihr Smartphone, aber ich stelle auch fest, dass einige, wie ich, nichts tun, nur still dasitzen und in den Park schauen.

Wenn wir innehalten, arbeitet unser Gehirn oft weiter auf Hochtouren. Die Gedanken rasen, und manchmal erscheinen sie noch unbändiger, wenn wir anfangen, sie aufmerksam wahrzunehmen. Alle, die meditieren, werden das kennen, das ist kein Grund, niedergeschlagen zu sein. Betrachte stattdessen deinen intensiven Gedankenstrom und deine Gefühle freundlich und mit Staunen: «So wie ein alter Mensch einem Kind beim Spielen zusehen würde.» Wenn du regelmäßig übst, wird der Wasserfall aus Gedanken in ein Becken laufen und sich danach in einen zuweilen reißenden Fluss verwandeln, der in ein Meer mündet. Die sich kräuselnden Wellen werden am Schluss eine warme und stille Wasseroberfläche sein.

Ich werde hier auf der Parkbank eine Übung machen. Wir können sie einfach «Loslassen» nennen, es handelt sich um eine effektive Technik, seine inneren Fenster zu öffnen und den Geist von den täglichen Pflichten auszulüften.

Das ist weder besonders schwierig noch anspruchsvoll, die Voraussetzung ist nur, nicht zu blockieren oder seine Gedanken zu ignorieren, sondern vielmehr die Gedanken wahrzunehmen, um sie zu befreien. Schenke einem Gedanken Aufmerksamkeit, ohne ihn zu behindern, spüre nach, wie er sich auf dich auswirkt, und lass ihn dann los. Um das zu erleichtern, kann man ihn mit einem symbolischen Wort etikettieren. Nehmen wir das Wort *vorbeigehen*. Das Wort wird eine Erinnerung daran, sich nicht vom Gedanken einnehmen zu lassen, der Gedanke wird abklingen und verschwinden. Du lässt das Wort zu einem Schutzanzug werden. Das Wort kann gern regelmäßig wiederholt werden, wenn das hilfreich ist. Doch erhalte die Weichheit und lass es auf keine Weise eine abstoßende Kraft entfalten. Die Augen können während der Übung geöffnet bleiben, der Körper befindet sich in einer bequemen Position.

Das laute Zählen eines Kindes, das seinen Freunden beim Versteckspiel ein Zeichen gibt, ab wann es sie suchen wird, beendet meine Übung auf natürliche Weise. Ich sehe auf die Uhr, es sind rund zwanzig Minuten vergangen, seit ich in den Park gekommen bin. Die Linie des Schattens über den Pflastersteinen ist verschwunden, und eine zarte Wolkendecke verhüllt den Himmel, wo er zwischen den Bäumen zu sehen war. Ich radele langsam weiter nach Hause und denke an einen Rat des Mystikers Hjalmar Ekström: «Ohne Frieden ist das Herz ein Vogel mit gebrochenen Flügeln, kläglich mit den Flügeln schlagend, ohne vom Fleck zu kommen. Mit Frieden sind seine Kraft und Beweglichkeit grenzenlos.»

ZUR STILLE

Manchmal tragen wir zu viel in uns. Es wird so voll, dass wir die Stille nicht mehr hören können. Wollen wir unsere Gefühle aussperren oder betäuben?

Ich habe die Möglichkeit, einige Tage lang Zeit allein im Wald zu verbringen. Frühmorgens beginnt mein Weg durch eine beißend kalte Landschaft. Nach einigen wenigen Gehminuten befinde ich mich schon in vollkommener Stille.

Ich laufe auf einem schneebedeckten Waldweg, und als ich innehalte, wird mir bewusst, dass die einzigen Geräusche in dieser Landschaft die meiner eigenen Bewegungen sind. Die Stille ist so dicht, so intensiv wie lautes Rufen. Mir entfährt ein jähes *wow*. Ich breche in Lachen aus, wie um mich in der ausgedehnten Stille zu verorten. Oder war es nur der Freudenschrei eines nach Stille dürstenden Großstädters? Das ist ein Augenblick, dem man weder etwas hinzufügen kann noch etwas fortnehmen muss, und ich stehe einfach nur in der Stille da. Ruhig. Die stillen Bäume und ich.

In diesem Zustand werde ich von der Stille ganz aufgenommen, es fällt mir schwer, sie durch meine einsetzenden Bewegungen zu brechen. In ihr bewegungsunfähig zu sein ist angenehm. Wie eine tiefe Freundschaft. Der Wald ist still.

Der Weg ist still. Alles ist nah. Alles fühlt sich bekannt an und so, wie es sein soll.

Mit zwanzig war ich das erste Mal in Südasien. Ich war nach Indien gereist, um Karma, das Patenkind meiner Eltern, zu sehen. Er wohnte damals im Nordwesten Indiens, einer Region mit dem schönen Namen Happy Valley. Einige Jahre zuvor hatte er uns in Schweden besucht, und jetzt besuchte ich ihn in einem Land, in dem er mit einer Vielzahl anderer Exiltibetern aufgewachsen war. Ich bekam ein Indien zu sehen, wie es vor dem Internet und Mobiltelefonen ausgesehen hatte, und der handgeschriebene Brief wurde zum Kommunikationsmittel nach Hause.

Nach einem guten Monat reisten wir weiter, in die Region Valley of Flowers. Fast viertausend Meter über dem Meeresspiegel liegt das wunderschöne Tal, umgeben von schneebedeckten Gletschern. Die Nähe zu Tibet reizte uns, nur ein Berg trennte die beiden Länder. Aber wie der Name schon sagt, ist das Tal bekannt für seine vielen verschiedenen Sorten Blumen. Schwer zugänglich und verborgen vor der Welt, war es bis in die 1930er Jahre auch die Heimat des Schneeleoparden. Ich las zufällig gerade tatsächlich Peter Matthiessens Buch *Auf der Spur des Schneeleoparden*, was dem Bergmassiv nur noch mehr Mystik verlieh: «Die Suche beginnt mit einer gewissen Rastlosigkeit, bei der man das Gefühl hat, beobachtet zu werden. Man wendet sich in alle Richtungen, sieht aber nichts. Und doch hat man das Gefühl, dass diese tiefe Rastlosigkeit einen Ursprung hat und dass der Weg zu diesem Ursprung nicht in die Fremde führt, sondern nach Hause.»

Ich war, nach fast einem Monat in Indien, in ziemlich schlechter Form. Ich hatte in kurzer Zeit mehr als sieben Kilo zugenommen und hätte in den tieferen Lagen bleiben sollen. Aber ich konnte nicht genug bekommen vom kunterbunten Indien, und wir waren immer weitergereist. Von der Gebirgsstadt Ghangaria machten wir uns in der Morgendämmerung auf, um bis ins Tal der Blumen zu gelangen und am selben Tag noch vor Sonnenuntergang zurück zu sein. Ein schöner Pfad führte uns an einem reißenden Gebirgsfluss entlang ins Tal. Es war August und trotz der Monsune sehr heiß. Der Feuchtigkeitsgrad der Luft war nicht ungewöhnlich hoch, aber wir blieben oft stehen, um unsere Handtücher in den Fluss zu tauchen und uns anschließend damit die Gesichter abzukühlen. Wenn man hochschaute, konnte man in der Ferne schon orange gekleidete Eremiten zwischen den spitzen Bergkuppen erkennen, wie sie in Meditationshaltung still dasaßen.

In den Tagen zuvor hatten wir nach der Seligkeit im glitzernden Wasser des Ganges gesucht, beobachtet, wie Touristen mit den Händlern in Rishikesh gefeilscht hatten, und fast wie in Roald Dahls *Die wunderbare Geschichte von Henry Sugar* für ein wenig Geld an einer magischen Zeremonie teilgenommen. Nun, mit einem Himmel, der unseren Köpfen plötzlich viel näher war, erschien das Rauschen der Stadt weit weg. Erschöpft kamen wir schließlich im Tal der Blumen an, ich erinnere mich daran, wie Karma sofort sagte: «Da, auf der anderen Seite, liegt Tibet.» So nah war er seinem Heimatland als Erwachsener bislang nicht gewesen. Wir wanderten durch das Gras und die Blumen. Ich war noch nie an einem vergleichbaren Ort gewesen, und die überwältigende Stille war unglaublich befreiend. Ich war so weit weg von zu Hause wie nie zuvor, aber im Herzen der Stille erkannte ich mich wieder. Die wohlbekannte Erfülltheit. Wie oft hatte ich die gleiche Stille schon in den Wäldern gefunden, die meine Heimatstadt umgaben.

IN STILLE

Es gibt ein Gedicht des schon verstorbenen amerikanischen Dichters William Stafford, in dem er beschreibt, dass sein Vater «die Schritte eines kleinen Tieres hören konnte oder einen Nachtfalter, der gegen das Fliegengitter flog; und mit jedem entfernten Geräusch wanderte die Aufmerksamkeit an Orte, an denen wir anderen nie gewesen waren.» Das führt den Dichter dazu, sich zu wünschen, die Stille selbst einzuladen und «[...] auf den Moment zu warten, in der Nacht von diesem Ort etwas zu hören, das selbst uns berühren kann».

In diesen Worten liegt nicht nur eine angenehme Ruhe, die Stille wird auch als eine Handlung beschrieben und nicht nur als Qualität einer bestimmten Umgebung. Auf diese demütige Haltung und Gesinnung müssen wir nicht warten, vielmehr können wir uns selbst und andere dorthin einladen.

In Ruhe und Selbstreflexion zu verweilen gleicht einer Lichtung in einem mitunter verhangenen Alltag, die dich dazu einlädt, über deine Tätigkeit und den Sinn deines eigenen Lebens nachzudenken.

Ich finde in den frühen Morgenstunden meine tägliche Stille. Wenn noch niemand sonst wach ist, noch nicht einmal unsere Katze, lausche ich den Geräuschen von draußen: dem sich wiederholenden Ruf eines Vogels in der Ferne, einer Tür, die irgendwo geöffnet und geschlossen wird. Ich praktiziere zu dieser Zeit Yoga und gehe in die Meditation. Zu Beginn sitze ich mit übergeschlagenen Beinen auf einem Stuhl und sehe aus dem Fenster, registriere das Wetter, verfolge die Nuancen am Himmel und vielleicht einen Schatten, der sich an unserer Hausfassade zeigt. Diese frühen Morgenstunden haben eine beruhigende Wirkung auf meinen Körper. Der Schlaf hat sich noch nicht ganz verzogen, und nur wenige Gedanken haben sich bis jetzt in meinem Kopf versammelt.

Wenn man die morgendliche Ruhe den Körper erfassen lässt, stellt sich eine stille Meditation fast von selbst ein. An Tagen, an denen das nicht der Fall ist, gehe ich systematisch vor:

Die Wahrnehmung des Körpers – ich spüre nach, ob ich irgendwo Verspannungen entdecke und ob ich sie mit Hilfe der beteiligten Muskeln lösen kann. Ich atme bewusst tief und ruhig. Es kann mitunter helfen, den Atem als einen Kreislauf wahrzunehmen, bei dem der Übergang von der Ausatmung zur Einatmung weich wird und sich fast auflöst. Wenig später wird der Körper ruhig.

Sprache – Ich entspanne den Gaumen, entlasse die Worte aus dem Körper und lade die Stille ein. Eine Befreiung. Eine Freiheit vom Suchen nach Worten, ein Ruhen im Zustand der alles umgebenden Stille.

Geist – Wenn mein Körper ganz still geworden ist, lasse ich schließlich meinen Geist in ein angenehmes Gleichgewicht sinken, von dem aus ich mich entspannt gegenüber dem verhalte, was ich noch höre, sehe, wahrnehme. Nichts wird bewertet oder mit «gut» oder «schlecht» beurteilt. Der Körper ist entspannt, der Geist ist im Gleichgewicht, was auch immer er von außen wahrnimmt.

Diese Zeit gibt den Ton für den Tag an, ich habe das Gefühl, dass jeder Morgen erneut zusammengesetzt und neu geboren wird. Ich beende jede Meditation mit Wohlwollen und Toleranz. Wenn ich dann immer noch an negativen Mustern wie Gereiztheit oder Neid festhalte, versuche ich auszusprechen, dass ich anderen Wohlergehen und nur Gutes wünsche.

DIE GRÖSSTMÖGLICHE STILLE

Der Philosoph Max Picard schrieb in seinem Buch *Die Welt des Schweigens*, erschienen 1948:«Das Radio hat den ganzen Raum des Schweigens besetzt. Es gibt kein Schweigen mehr. Selbst wenn das Radio ausgeschaltet ist, scheint das Radiogeräusch unhörbar weiterzugehen.» Und seitdem ist die Welt bestimmt kein leiserer Ort geworden. Wir werden ständig angesprochen, fast gejagt: SMS, Posts, Werbebanner. Verschiedene Reize führen von der Stille weg. Wir werden dazu gedrängt, Dinge laut auszusprechen, dadurch zu existieren, dass wir die Stille brechen, und unser Alltag ist buchstäblich eine Kakophonie aus Geräuschen, die dazu führt, dass sich viele die Stille wünschen.

Mit großen Mänteln, den Kragen bis über die Ohren gezogen als eine Art Ohrstöpsel, begegnen mehr und mehr Menschen dem Alltag. Die Geräusche und Eindrücke sind zu vielfältig, zu intensiv, und die Stille wird immer häufiger zu meiner Zuflucht. An einem Morgen vor ein paar Wochen fiel mir in der Bahn eine Reklame eines Herstellers von Gesundheitsprodukten auf: *Teile deine Stille.* Während der Planungen zu einer Reise in ein östliches Nachbarland stieß ich auf die

Hauptseite des Unternehmens: *Silence, Please.* Die Botschaft lockt mit dem, wonach wir uns sehnen, deutet aber auch an, dass Stille ein Luxus geworden ist. Etwas, das von jenen empfohlen wird, die es sich leisten können. Aber im Gespräch, in der Natur, in der Musik und in der Meditation ist die Stille frei verfügbar und nah. Sie ist unmissverständlich, und sie bringt dich dazu, ihren Sinn zu verstehen, obgleich sie keine eigenen Absichten hat.

Stille ist mehr als die Abwesenheit von Geräuschen. Die Abwesenheit von Sprache. Stille ist eine grundlegende Struktur, die sich zeigt, wenn wir Raum lassen. Indem du deinen Körper beruhigst und in die Zwischenräume hineinhörst, das Geschehen wahrnimmst, anstatt es zu interpretieren, machst du die Stille fühlbar. Auf eine gewisse Weise existiert sie einfach und lässt sich nicht anders darstellen als in ihrer Wirkung.

Die Stille muss mitunter wiederentdeckt werden. Verborgen in den Zwischenräumen unseres hektischen Alltags, der uns immer mehr zu überwältigen droht. Viel zu oft vermischen sich die Dinge und lassen sich nicht mehr trennen. So wie es keine Zwischenräume im Fluss der sozialen Medien gibt; heutzutage folgt auf eine Ansicht sofort eine Gegenmeinung wie ein schneller Ballwechsel. Alles wird gekontert, Sprechen ist viel spannender als Zuhören.

In der Welt des Gedichts öffnet sich für mich der Raum der Stille deutlicher. Darin habe ich schon öfter Zuflucht gesucht. Ich kann auf eine befreiende Weise ungestört sein, das gibt mir Kraft. Man konzentriert sich auf ein Blatt Papier. Eine glatte Fläche kommuniziert auf andere Art mit ihren Lesern. Der dichte Wortfluss geht ganz natürlich in einzelne Silben über, um danach wieder elastisch zu expandieren. Eine schlichte Form aus freier Syntax kann den Leser zu einer nachdenklichen Stille ohne Widerstände bringen. Wie in einem Gedicht von Gunnar Björling in dem Band *Du gehst die Worte*:

Wortlosigkeit
beschatten
bis alles
Stille ist

Der Dichter mit einem Blatt Papier vor sich, das noch vor wenigen Augenblicken, vor der Niederschrift, leer war. Es gibt die Möglichkeit, Blätter mit Worten zu füllen. Oder es einfach bleibenzulassen. Eine Stiftspitze, die still steht. Eine Hand, die zittert. Leser können es sich darin bequem machen.

Im Japanischen gibt es einen Ausdruck für einen lebenden Zwischenraum, der zwischen zwei Entitäten entsteht: MA. Ich habe mich mit der Künstlerin Ninia Sverdrup unterhalten, die sich mit unserer Auffassung von Zeit auseinandergesetzt hat. In Japan hat sie gelernt, wie sehr diese beiden Buchstaben eine Gesellschaft prägen und wie sie durch die Abwesenheit von *MA* ihren Wert verlieren kann.

Nach Ninia Sverdrup entsteht *MA* im reinen und unerlässlichen Raum zwischen zwei Strukturen. Dieser Zwischenraum ist voller Möglichkeiten, als Beispiel dient schon ein einfaches Gespräch, bei dem zwischen dem Satzende des einen und dem Satzanfang des anderen eine Pause entsteht. Die Lebendigkeit des Zwischenraums und dessen mögliches Wachstum hängen davon ab, wie nah sich die Sprechenden sind. Beim Karate besteht *MA* in der Fähigkeit, den perfekten Zwischenraum zwischen sich selbst und dem Gegner zu finden und zu halten. Doch das vielleicht allerschönste Beispiel für *MA* ist der Abstand zwischen zwei Menschen, die sich gleich küssen werden.

Die Sprache der Musik kennt viele Pausenformen, die einen solchen Zwischenraum schaffen.

Ein Intervall der Stille oder ein bewusster Bruch mit dem Rhythmus und der Struktur eines Musikstücks. Insbesondere die klassische Musik ist voller Beispiele, wie die *Symphonie Nr. 5* des finnischen Komponisten Jean Sibelius, in der die sechs versetzten Schlussakkorde effektvoll die Stille umkränzen. Es ist nur ein Intervall, das aus dem Rhythmus fällt, aber anstatt von den Instrumenten aufgefangen zu werden, fängt es meine Aufmerksamkeit ein: für das, was zwischen den Akkorden passiert. Pausen! Schließe die Augen und höre einfach zu!

In der Komposition *Tabula Rasa II Silentium* des estnischen Komponisten Arvo Pärt ist die Stille während des ganzen Stücks hörbar, auch wenn es faktisch keine Pausen gibt. Die Stille ist zugleich Konstante und Ausgangspunkt des Musikstücks. Sie bleibt, wenn die Streicher ein zartes Netz aus einigen wenigen Tönen weben, die sich eher parallel zur Stille bewegen, als sie zu brechen. Das Stück, fast die einzige Musik, die ich beim Schreiben dieses Buches gehört habe, gibt einem das Gefühl, in der Stille aufgehoben und gleichzeitig von der exakten Artikulation und dem Zusammenspiel der Instrumente umgeben zu sein. Es wurde im Jahr 1977 uraufgeführt. Für den estnischen Komponisten Erkki-Sven Tüür, der damals zuhörte, war es, als habe ihn die Ewigkeit berührt. Ich glaube zu verstehen, was er meint. Nach dem Ende des Stücks habe alles in vollkommener Stille verharrt, und Tüür meinte, niemand habe sich getraut, sie mit einem Applaus zu brechen.

Noch deutlicher ist die Stille im Intro von Fugazis *Waiting Room*. Der Song, der aus punkigen Gitarrenriffs besteht, bricht mitten in der Eskalation ab, und die unerwartete Stille hält fast fünf Sekunden an. Die so entstandene kontrastierende Spannung verstärkt auch den Songtitel. Wenn man die Lautstärke aufdreht, hört man die Band, einen Gitarristen, der eine Seite zupft. Die Zuhörer werden eingeladen, und eine besondere Energie baut sich auf, wird intensiver, als die Band weiterspielt. Die Pause, der Zwischenraum, wird zu einem zentrierenden Knotenpunkt, aber auch zur Ausgangsposition für etwas Kraftvolles.

Genau so erlebe ich die kontemplative Pause. Sie ist zugleich Landung und Wiedergeburt auf einer kraftvollen Oberfläche, sie ist hochkonzentriert. Daraus entstehen Handlung, Stärke und Kreativität.

Ein fast andächtiger Zwischenraum dehnt sich zwischen dem zuletzt gesprochenen Wort und der sich anschließenden Stille aus. Der notwendige Zwischenraum wird von denen gehalten, die andächtig zuhören. Eine Leere, die noch nicht erfüllte Versprechen und ungeahnte Möglichkeiten bereithält.

Du kannst die Stille überall finden.

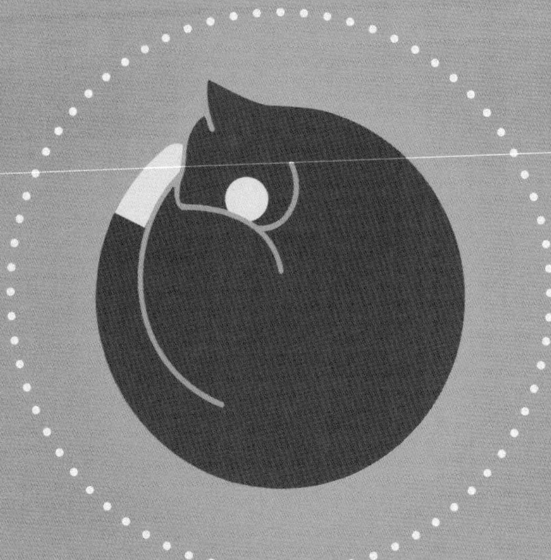

STILLE IST

Als ich noch jünger war, suchte ich die Stille eher an abgelegenen Orten. In fernen Ländern, gerne auch in mystischen Zusammenhängen. Stille war mit einer notwendigen Bewegung von einem Ort zu einem anderen verbunden und hing von äußeren Faktoren ab.

Wenn es mir hin und wieder gelang, sie zu finden, versuchte ich, alles in diesem Moment Störende fernzuhalten: Ich versuchte, mit der äußeren Welt auf Abstand zu gehen. Ich stand wie erstarrt in einem Wald, wenn plötzlich ein wildes Tier auftaucht. Man weiß ja, dass das Tier davonstürmt, wenn man sich bewegt. Verschwindet.

Heute, nach meinen Erfahrungen in der Kontemplation, erlebe ich Stille als ständig anwesend, als innersten Raum des Bewusstseins. Und erst nachdem ich um die ganze Welt gereist war, ohne die Stille wirklich zu finden, verstand ich, dass sie nie weiter weg gewesen war als mein Wille, im richtigen Moment im Hier und Jetzt präsent zu sein. Indem wir unsere Aufmerksamkeit unbeirrt aufrechterhalten, anstatt unmittelbar auf alles zu reagieren, gelangen wir ganz automatisch zur Erfahrung von Ruhe und Stille. Und indem wir die innere Stille erleben, halten wir auch den Kontakt zu uns selbst aufrecht. In der *Bhagavad Gita*, einer der zentralen Schriften des Hinduismus, wird es so formuliert: «Sei derselbe, im Einverständnis wie im Widerstand: Ein solches Gleichgewicht wird Yoga genannt.»

Während ich das schreibe, erscheint unsere schwarze Katze wie aus dem Nichts. Sie springt, trotz schwacher Knochen, immer noch geschmeidig und selbstsicher auf das Sofa, um sich neben mich zu legen: «Wenn ich mit meiner Katze spiele, bin ich nie ganz sicher, ob nicht ich ihr Zeitvertreib bin», schrieb Michel de Montaigne, der französische Autor der Renaissance, über seine eigene Katze.

Sie legt sich neuerdings viel öfter neben mich, sie ist alt geworden. Vor fast zehn Jahren haben wir sie aus dem Tierheim geholt. Zutiefst verängstigt, verletzt und ausgehungert als Folge von fehlender Fürsorge und Sicherheit.

Ich lege meine Handfläche auf eine ihrer Tatzen. Sie hebt die andere Pfote und legt sie auf meinen Handrücken. Nach einigen Minuten streckt sie zur Entspannung den Oberkörper und die Beine.

Meine Atmung wird durch die Nähe meiner Katze tiefer. Ich spüre, wie sich mein Brustkorb hebt und senkt, ein gleichmäßiger Rhythmus. Das Hier und Jetzt dehnt sich aus und bleibt als Stille um uns herum zurück. Alles ist bewundernswert still. Eine Stille, die mich genauso lange umgibt, wie ich im Zustand der Präsenz und Gelassenheit sein möchte.

WALDBAD – SHINRIN-YOKU

Heute ist der Wald still, und wir hören auf zu reden. Wir einigen uns auf die Stille. Sie gehört zur Wanderung dazu.

Die Meditation im Gehen stellt sich auf dem Weg automatisch ein. Während dieser natürlichen Fortbewegung liegt meine Achtsamkeit dort, wo ich meine Füße auf die Erde setze. Ich gehe nicht mehr nur von A nach B, ich bin auf dem Weg. Schon nach ein paar achtsamen Schritten wird klar, dass der Weg aus den Grübeleien hinausführt. Der Fokus liegt auf jedem leichten Schritt, auf der Berührung der Erde, in den weichen Bewegungen. Das ist alles. Die Meditation im Gehen als Praxis ist dem gewohnten Leben ein wenig näher, sie ist daher eine gute Möglichkeit für Menschen, denen das Meditieren im Sitzen schwerfällt. Die ersten Schritte fühlen sich vielleicht noch etwas mechanisch an, verbinden sich aber schon bald mit dem Atemrhythmus. Der Körper richtet sich auf, die Brust hebt sich, und ich registriere die Anzahl meiner Schritte mit jeder Einatmung. Meine Schultern sinken, ich hebe meinen Kopf, und ich zähle die Schritte mit jeder Ausatmung. Man muss sich nicht auf die Achtsamkeit besinnen, lediglich die Schritte im Rhythmus der Atmung setzen. Der Rhythmus wird fließender, und ich kann jedem Schritt nachspüren, spüren, wie die Ferse auf dem Boden aufkommt, das Bein sich streckt und meine Bauchmuskeln sich kurz anspannen. Körper und Geist verschmelzen. Ich habe es nicht mehr eilig, mein Gang ist beinahe lautlos auf dem Weg, der von goldbraunen Blättern gesäumt ist. Eine Einatmung folgt einem Schritt, eine Ausatmung dem nächsten. Mein Geist ist wacher, mein Körper leichter. Meine Gedanken verlangsamen sich, und ich nehme die Natur mit jedem Schritt deutlicher wahr. Zum Schluss geht ein Mantra durch meinen Körper und meinen Kopf: «Einatmen – mein ganzer Körper in stiller Achtsamkeit. Ausatmen – mein ganzer Körper in stiller Achtsamkeit.»

Der Weg endet, und eine Natursteintreppe führt mich über ein steiniges Feld.

Auf der gegenüberliegenden Seite geht der Weg als Schotterweg weiter. Ich bleibe stehen und sehe mich um. In einem Garten in der Nähe stehen vier Pferde regungslos und wie aufgereiht da. Noch weiter entfernt eine Wand aus Fichten, die im Nachmittagslicht etwas fehldimensioniert wirken. Als bildeten sie ein Plateau vor dem dahinterliegenden Himmel.

Meine Unruhe hat sich restlos verzogen.

Wie das vorsichtige Reiben eines Radiergummis über eine Bleistiftzeichnung auf Papier, wie verschwindende Fußabdrücke auf feuchtem Blättergrund, so ist meine ganze Unruhe ausgelöscht.

DER BAUM

Ich blicke aus dem Küchenfenster. Sehe den Baum. Gelbgrüne Blütentrauben zieren die nackten Zweige. Derselbe Ahorn in einer anderen Jahreszeit. Eine tägliche Pause vom ständigen Strom aus Eindrücken, Ideen und Assoziationen.

Ein winziges Stück Natur in der Stadt oder die wildere Art weiter draußen. Beide sind sehr heilsam für uns Menschen. Wenn du ihr nicht physisch nah sein kannst, eignet sich eine Meditationsmethode: die sogenannte Visualisierung. Bei dieser Methode ist die Natur das Objekt. In stressigen Situationen kannst du dich damit von Anspannungen befreien.

Lass deinen Körper zunächst durch ein paar tiefe Atemzüge zur Ruhe kommen. Richte dann sanft die Aufmerksamkeit auf deinen Atem.

Schließe die Augen und stell dir eine offene Landschaft vor, vielleicht einen Ort, an dem du schon einmal warst. Einen Ort, den du magst. Betrachte die Erde unter deinen Füßen, die Farben um dich herum; riechst du einen bekannten Duft? Nimm dir Zeit.

In deiner Vorstellung richtest du den Blick auf den Himmel. Welche Farbe hat er?

Ist es windstill, oder ziehen Wolken über den Himmel?

Rufe dir dann das Bild eines einsamen Baumes in dieser Landschaft in dein Bewusstsein.

Konzentriere dich auf das Bild und sieh den Baum deutlich vor dir. Lenke deinen Blick vom Stamm des Baums bis ganz nach oben, zu den blühenden Zweigen in der Höhe. Stell dir die Details vor, einige Zweige sind gröber, andere feiner, einige haben Blätter, welche Farbe haben sie?

Wenn du den Baum in seiner Ganzheit vor dir siehst, stell dir vor, wie die Wurzeln des Baums tief in die Erde hinuntergehen. Wie sie den Baum dort verankern und ihm Stabilität geben.

Nimm wahr, wie deine eigenen Füße dich in der Erde verankern, als würden Wurzeln von deinen Füßen aus in die gleiche Erde wachsen.

Sieh in deiner Vorstellung von unten in die Baumkrone. Betrachte ihre Bewegungen im Wind. So wie der Baum kann auch dein Körper flexibel und zugleich stabil sein. Wie eine vertikale Linie zwischen Himmel und Erde: an ihren Grund gebunden, sicher verwurzelt und zugleich aufsteigend.

Stell dir den Baum in allen Jahreszeiten vor, aus der Perspektive der Veränderung: Wie sich die Farben verändern, die Blätter zu Boden fallen und sterben. Wie neue, hellgrüne Blätter im Frühling wachsen. Als würde dich etwas, das du lange getragen hast, verlassen – als Bedingung für neues Wachstum.

Sieh den Baum bei wechselndem Wetter. Kühler und starker Wind, der sich festbeißt und das Blätterdach ins Schwanken bringt. Aber die Wurzeln verankern den Baum in der Erde, und er steht fest da. Der Wind wird wärmer. Alles verändert sich, und vielleicht erkennst du, dass auch bei dir selbst die verschiedenen Gefühle und ihre Veränderung zum natürlichen Verlauf der Dinge gehören.

Halte weiter am Bild des Baumes im Verhältnis zu deinem eigenen Körper fest.

Deine Atmung nimmst du weiter bewusst wahr.

Richte dich still in dem Gefühl ein, geerdet zu sein.

Vielleicht kannst du damit anfangen, Bäume in deinem Alltag wahrzunehmen. Werde langsamer und achte auf die Bäume in der näheren Umgebung. Vielleicht nimmst du einen Umweg durch den Park und stellst dir dabei vor, wie sie Sauerstoff für dich ausatmen und du für sie Kohlenstoffdioxid ausatmest.

III

DIE MEDITATION

EIN UNSICHTBARER SCHLÜSSEL

Ich brachte mir das Meditieren bei, als ich noch ein Teenager war. Rastlosigkeit und Unruhe bestimmten meine alltäglichen Handlungen in den meisten Fällen, zur Muße und Reflexion war ich kaum fähig. Manchmal fragte ich mich: Soll das so sein?

Ich konnte mich nie lange auf eine Sache konzentrieren, wenn sie mich nicht gerade brennend interessierte. Wenn ich sehr großes Interesse für etwas empfand, konnte es mich leicht in den Bann schlagen. Im Gegensatz dazu kämpfte ich damit, die Konzentration zu halten, wenn beispielsweise ein Lehrer einen Text vorlas und im Anschluss Fragen stellte, die auf der Lektüre basierten. Dann verlor ich meistens den Fokus. Ich weiß nicht, ob es dir bekannt vorkommt, die Textstelle in einem Buch wiederholt lesen zu müssen, weil du nach dem ersten Mal vergessen hast, was dort stand. Mit anderen Worten, man hätte in einer Wette um den nächsten Olympiameister im Meditieren nicht unbedingt auf mich gesetzt.

Durch einen Zufall lernte ich den Buddhismus kennen und brachte mir bei, wie man meditierte. Ein paar Erlebnisse, für sich betrachtet nicht außergewöhnlich, ließen mich die magische Kraft der Meditation erahnen und beeindruckten mich. Seit dieser Zeit habe ich das Gefühl, einen unsichtbaren Schlüssel um meinen Hals tragen. Einen Schlüssel, mit dem ich jederzeit die Tür zu einem Raum öffnen kann, der außerhalb des hektischen Alltags liegt. Ich bin oft zerrissen, verliere mich oder springe vor Wut im Viereck. Einmal ist es die Arbeit, ein andermal einfach das Leben, das einem Steine in den Weg legt und zu Aufgaben zwingt, mit denen man nicht gerechnet hat. Aber der unsichtbare Schlüssel Meditation befindet sich immer in Reichweite. Durch beharrliches und jahrelanges Üben hat er an Kraft gewonnen, und er passt bis heute ins Schloss. In das Schloss einer Tür zu einem der schönsten Räume, in denen ich je gewesen bin.

Die Meditation ist eine auf erlösende Weise einfache Übung, die uns dabei hilft, unsere Innenwelt und unser Verhältnis zur Außenwelt besser zu verstehen. Meditation ist eine großartige Methode, um die guten Eigenschaften zum Wachsen zu bringen, die jedem Menschen gegeben sind, und darauf hinzuwirken, nicht zu sehr an wertlosen Dingen festzuhalten und sich durch die Kraft der Stille von inneren Lasten zu befreien. Wenn wir unserem Kern näher kommen, spüren wir, ob etwas in Ordnung gebracht werden sollte, und es gelingt uns, unser Leben wertzuschätzen. Wir empfinden sogar mehr Mitgefühl und freuen uns schneller für unsere Mitmenschen.

Dudjom Rinpoche, ein bekannter tibetischer Meditationsmeister, hat einmal einen Meditationszustand beschrieben, in dem ich mich wiedererkenne: «Stell dir eine Person vor, die nach einem langen Arbeitstag nach Hause kommt und sich in ihren Lieblingssessel vor das Feuer setzt. Sie weiß, dass sie mit ihrer Arbeit zufrieden sein kann und es nichts gibt, was sie beunruhigt. Sie darf im Zustand des Seins bleiben und den Zustand des Tuns verlassen.»

Für den Jugendlichen, der ich einmal gewesen bin, war die bis dahin nicht gekannte Stille ein großer Segen.

Es ist, als würde sich die Flamme einer Kerze stabilisieren. Die Meditation beruhigt die Luft ringsum. Die Flamme ragt klar und leuchtend auf.

Wenn der Geist zu einer solchen Flamme wird, verlangsamen sich die Gedanken, und es entsteht ein Raum zwischen Reiz und Reaktion. Dann ist Erholung möglich, und eine tiefe Ruhe stellt sich ein zwischen Gedanken und Gefühlen, mit denen wir normalerweise nicht so leicht umgehen können. Wenn der Körper als Resonanz auf die Entspannung mit dem Geist verschmilzt, die beiden interagieren, nimmt die Meditation Form an – im Körper, aber auch im alltäglichen Leben. Ich hoffe, dass dieses letzte Kapitel dazu beitragen wird.

DAS EINCHECKEN

Meditation führt bei einigen Menschen zu unmittelbarer Entspannung, bei anderen zu provozierender Rastlosigkeit. Es ist wichtig, das zu verstehen und zu berücksichtigen, wenn man in die Meditation einführt.

Wenn du schon Übungen aus diesem Buch probiert hast, ist dir wahrscheinlich aufgefallen, dass sich dein Geist im Gegensatz zu deinem Körper nicht so leicht beruhigen lässt. Das kann sich über einen kurzen Zeitraum unterschiedlich äußern: in Form von Unruhe, Rastlosigkeit, Stimmungsschwankungen, wilden Phantasien oder auch Verwirrung. Aber am häufigsten kommt es wahrscheinlich vor, dass sich der Geist nicht kontrollieren lässt, und nicht ohne Grund wird in diesem Zusammenhang vom Zähmen eines wilden Pferdes gesprochen, dem Versuch, einem Affen beizubringen, still zu sitzen oder auch dem, einen trunkenen Elefanten auszunüchtern.

Die Einsicht, dass unser Geist diese Formen annehmen kann, ist schon ein Schritt der Übung. Wir verstehen, dass die Grenze zwischen Achtsamkeit und geistiger Zerstreutheit zu Beginn sehr fragil ist.

Auch wenn du innerhalb eines Achtsamkeitstrainings nie wirklich zur Ruhe gekommen bist, kannst du dir dennoch diese Einsicht mitnehmen. Die Zerstreutheit scheint übermächtig, doch es gibt ein Werkzeug, mit dem du das ändern kannst.

Die erste Übung besteht darin, die Regungen und Wanderungen des Geistes im Verhältnis zum gegenwärtigen Moment wahrzunehmen.

Das *Einchecken* ist eine taktile Meditationsübung, bei der wir durch Achtsamkeit mehr darüber erfahren können, wie wir funktionieren, wo in unseren Gedanken wir uns befinden, wie uns das beeinflusst und wie wir unseren Geist wieder nach Hause führen können.

Manchmal versetzen wir uns in die Zukunft – *schmieden Pläne, bereiten uns auf etwas vor, erleben in der Phantasie eine mögliche Erfahrung, freuen uns auf ein zukünftiges Ereignis, machen uns Sorgen.*

Ein andermal wenden wir uns dem Vergangenen zu – *freuen uns an Erinnerungen, schreiben um und rechtfertigen Handlungen, empfinden Dankbarkeit für etwas, bei dem wir zugegen sein durften, sind traurig um die vergangene Zeit.*

Es ist absurd, aber der gegenwärtige Moment lässt sich schwerer einfangen.

Du kannst dich hinsetzen oder hinlegen. Lege deine Handflächen auf deine Beine. Fokussiere entspannt auf deine natürlichen Atemzüge und versuche, jeder kleinen Bewegung im Atemzyklus zu folgen. Zum Beispiel den Bewegungen deines Bauchs mit jeder Ein- und Ausatmung.

Wenn du jetzt merkst, wie sich dein Geist in Gedanken an Vergangenes verliert – Grübeleien, konkrete Ereignisse, schöne Erinnerungen –, klopfe mit den Fingerspitzen leicht auf dein *linkes* Bein. Auf diese Weise holst du den Fokus auf deine Atemzüge zurück.

Wenn du andererseits merkst, dass dein Geist sich in Zukunftsgedanken verliert – in etwas, das noch nicht passiert ist, in Unruhe, Phantasien –, klopfe leicht mit den Fingerspitzen auf dein *rechtes* Bein. So holst du den Fokus auf den gegenwärtigen Moment zurück.

Wenn andere Gedanken, weder Zukunft noch Gegenwart betreffend, in den Fokus rücken, flüstere leise das Wort *Gedanke*, um den Wirrwarr aufzulösen.

Sei nicht niedergeschlagen oder verwundert, wenn du zu Beginn oft klopfen musst.

Sei gut zu dir, wir üben nur.

WOANDERS

Mitten im Gespräch ruft eine meiner Töchter: «Du hörst mir gerade gar nicht zu! Du bist woanders.»

Woanders. Ja, sie hat recht. Aber wo?

Wir denken sehr oft an andere Dinge, während vor unseren Augen etwas geschieht. Die letzte Übung hat gezeigt, wie oft unsere Gedanken wandern, und das selbst beim Versuch zu fokussieren; sie wandern von Bagatellen bis hin zu ernsteren Themen, in einer wilden Mischung.

Schon vor vielen tausend Jahren soll Buddha zu seinem Schüler Sangharakkhita in der Schrift *Dhammapada* gesagt haben: «Der Geist kann wandern und sich das vorstellen, was noch nicht einmal stattgefunden hat. Stattdessen soll man sich am besten auf die Gegenwart konzentrieren und danach streben, sich von Gier, Hass und Feindseligkeit zu befreien.»

Psychologen der Harvard University haben aus einem Forschungsprojekt folgenden Schluss gezogen: «Der Geist des Menschen wandert, und ein wandernder Geist ist ein unglücklicher Geist.» Im Rahmen der Studie hatte man 2250 Teilnehmer zwischen 18 und 88 Jahren gebeten, wahllos über den Tag verteilt einige Fragen zu beantworten.

Die Fragen, die den Teilnehmern gestellt wurden, bezogen sich auf die Tätigkeit, mit der diese in dem Moment beschäftigt waren. Wie glücklich waren sie, dachten sie an das, was sie gerade taten, oder etwa an ganz andere, schöne, weniger schöne oder neutrale Dinge?

Das Ergebnis zeigte, dass 46,9 Prozent der Teilnehmer an etwas anderes gedacht hatten. Das galt für die allermeisten Aktivitäten wie Einkäufe, Fernsehen, Essen und Spaziergänge. Die Beurteilung der Antworten unter Berücksichtigung verschiedener Zeiten ergab auch, dass die Teilnehmer in der Zeitspanne ihrer geistigen Abwesenheit weniger glücklich gewesen waren. So gesehen würde die zeitliche Dauer unseres «Auscheckens» etwas darüber aussagen, wie glücklich wir sind, mit wie viel wir beschäftigt sind, und nicht zuletzt hätte die zeitliche Dauer, die wir in Gedanken «woanders» verbringen, Einfluss auf unsere mentale Gesundheit und unser Leben. Das Forscherteam kam nach den Ergebnissen auch zu dem Schluss, dass sie nur bestätigten, was die Philosophie seit langem weiß: Ein wandernder Geist ist ein unglücklicher Geist.

Ich weiß noch, wo ich das zum ersten Mal gehört habe.

ཨོཾ་མ་ཎི་པདྨེ་ཧཱུྃ

MANTRA – EIN WUNDERMITTEL GEGEN ALLE STÖRENDEN GEDANKEN

Ein Mantra, eine ruhige oder klangvolle Rezitation von einem oder mehreren Wörtern, ist ein Wundermittel gegen den konstanten Gedankenfluss und zugleich auch eine Art, zur inneren Stille zu finden. Die Silben des Mantras sind ein Ersatz für störende Gedanken und nehmen ihnen die Macht über unseren Geist. In dieser schönen und dynamischen Meditation umgeben dich die Wörter als eine schützende Hülle und bringen dich auf den Weg der Stille. Die Bindung der Wörter wird lockerer, der Abstand zwischen den Silben größer, und das alles im Beisein der Stille.

So wie eine Bremse gezogen oder eine Lampe ausgeschaltet wird, endet die Aktivität, und wir bleiben wortlos zurück, umgeben von dichter Stille. Letztendlich hat die Stille den Gedankenstrom ersetzt.

Bleib einfach in dieser Stille und schätze sie. Sprich Wörter nur nach deinem Gefühl für Rhythmus und Sprachmelodie aus, werde nicht mechanisch, lass die Wörter schweben.

Eines der am häufigsten angewendeten Mantren im Buddhismus ist das Mantra *Om mani peme hung*. Es heißt, dass es das Mitgefühl in uns allen wecken und weiter ausprägen kann. Es ist ein lebendiges Mantra, bei meinem letzten Besuch in Nepal hörte ich es überall: gemurmelt, gesprochen, sogar ausgerufen als Teil einer Meditation im Gehen, die von vielen in der Nähe heiliger Gebäude (Stupas) praktiziert wird. Die Artikulation der sechs Silben des Mantras ist gut durchdacht, die Übersetzung hat nicht nur eine Bedeutung, aber das Finden von Rhythmus und Aussprache dieses Mantras kann in der Meditation eine unendlich wertvolle Stütze sein.

Ein anderes Mantra mit einer zwischenmenschlichen Botschaft, das im Yoga häufig angewandt wird, ist das *Lokah Samastah Sukhino Bhavantu*. Die Übersetzung aus dem Sanskrit lautet: «Mögen alle Wesen Glück und Harmonie erfahren.»

Führe deine Hände vor dem Brustkorb zusammen, sprich dir das Mantra laut vor und reflektiere seine Bedeutung. Denke an dich, die Menschen in deiner Nähe und alle anderen, die leben.

Wenn du lieber ein Mantra aus deiner eigenen Sprache benutzen möchtest, kommt hier ein anderes, dessen Klang anpassungsfähiger ist:

Bei der Einatmung sagst du still «einatmen». Bei der Ausatmung «ausatmen». Am Ende der Ausatmung, in der Pause vor dem nächsten Einatmen, sagst du innerlich «Stille».

MISSERFOLG ALS FREUND

Wenn ich meine Klasse befrage, welcher Teil der Meditation als am schwierigsten empfunden wird, nennen die meisten das Gefühl von Rastlosigkeit und schwere, negative Gedanken, die während der Meditation auftauchen können. Ich weiß, was sie meinen, und gebe zu, dass es für uns alle schwer ist, von einer Welt, die ständig online ist, in die Stille überzuwechseln.

Wir haben hoffentlich inzwischen genug positive Meditationserfahrungen gesammelt, um weitermachen zu wollen, deswegen brauchen wir nun Werkzeug, mit dem wir gegen Widerstände arbeiten können – in der Meditation, aber auch in den verschiedenen Lebenslagen.

Mit einer Haltung, die von Offenheit, Neugier und Akzeptanz geprägt ist, können wir die Regungen in unserem Inneren leichter annehmen. Akzeptanz ist nicht nur eine sehr effektive Haltung, die eine offenere und flexiblere Wahrnehmung von Erfahrungen ermöglicht, auch ein getriebener Geist lässt sich damit beruhigen.

Die Meditation selbst hat viel mit Akzeptanz zu tun, da

wir von der Meditation nicht erwarten können, einen bestimmten Gefühlszustand zu erreichen und andere, weniger willkommene Gefühle loszuwerden. Stattdessen lassen wir die Dinge so, wie sie sind, ohne sie zu kontrollieren, einzugreifen oder zu berichtigen.

Eine Meditation ohne Akzeptanz gleicht dem aussichtslosen Kampf eines Boxers gegen seinen eigenen Schatten. Mit einer klügeren Einstellung lässt sich erkennen, dass unsere mentale Aktivität fließend ist: Wolken am Himmel kommen auch aus dem Nichts und verschwinden nach einer Weile wieder.

In einer stillen Meditation kannst du dich auf den Raum zwischen Gedanken und mentalen Bildern konzentrieren, noch effektiver ist es aber, Störendes sehr genau wahrzunehmen. So kannst du beispielsweise einen Gedanken, der Stress und Unruhe hervorruft, unterbrechen, indem du ihm leise einen entsprechenden Namen gibst. Zum Beispiel Arbeit, Familie, Kleinkram und so weiter. Indem du den Gedanken auf diese Weise stempelst, unterdrückst du ihn nicht, weist ihn aber gleichzeitig sanft von dir, denn du siehst und akzeptierst ihn. Auf diese Weise gerät der Gedanke meistens schnell in Vergessenheit.

Ich möchte Akzeptanz samt Hindernissen am Beispiel der Geschichte des tibetischen Yogi Milarepa beschreiben, der seine eigenen Dämonen überkam, indem er sie zum Tee einlud. Milarepa ist für seine schicksalhafte Wandlung vom Mörder zum Erleuchteten bekannt, ein beliebtes Motiv der tibetischen Literatur. Denn nur durch seine eigenen Handlungen wurde er frei.

Eines Abends wandert Milarepa nach Hause zu seiner Höhle. Er trägt Holz in den Armen, das gegen seinen dünnen Körper drückt. Als er seine Höhle betritt, sieht er, dass Dämonen zu Besuch sind. Sie haben es sich während seiner kurzen Abwesenheit bei ihm zu Hause bequem gemacht, sein Essen gegessen, seine Bücher gelesen und in seinem Bett geschlafen. Auch wenn ihm klar ist, dass das nur in seinem Kopf geschieht, dass er gerade Auge in Auge dem Feind in seinem Inneren gegenübersteht, weiß er nicht, wie er die Dämonen dazu bewegen soll, seine Höhle zu verlassen. Zuerst will er sie einfach rausschmeißen, einen nach dem anderen. Aber Milarepa besinnt sich und entwickelt stattdessen Mitgefühl für die Dämonen. Davon nimmt zunächst keiner der Eindringlinge Notiz, sie machen unbeirrt weiter. Da verliert Milarepa die Geduld und befiehlt ihnen mit lauter Stimme zu verschwinden, wodurch er nur höhnisches Gelächter erntet.

Milarepa setzt sich auf den harten Steinboden. Er sieht sie an, erklärt mit ruhiger Stimme: «Da weder ihr noch ich gehen werde, wohnen wir jetzt gemeinsam hier. Fühlt euch willkommen, wir werden alles teilen.» Nachdem er das gesagt hatte, waren die Dämonen verschwunden.

MEDITATION IN BEWEGUNG

Seit ungefähr dreißig Jahren praktiziere ich Ashtanga Yoga. Zu der Zeit, als ich damit anfing, war Schlaf für mich eine Mangelware, und ich war so gestresst, dass sich der Alltag wie ein langer Kampf anfühlte, der hoffentlich irgendwann ein Ende nehmen würde.

Die Meditation hatte mir schon in vielerlei Hinsicht geholfen, doch da sich mein Körper schwach, hart und unbeweglich anfühlte, brauchte ich dringend Bewegung. In regelmäßigen Abständen empfand ich Schmerzen, sowohl physische als auch psychische, oder erlebte eine zeitweilige Gefühllosigkeit in meinem Körper. Die verfügbaren kommunalen Therapien waren ein nettes Angebot, aber sie zeigten während dieser Zeit kaum einen Effekt.

Dank meiner Eigensinnigkeit war ich unzählige Male nach Indien und Nepal gereist und hatte mich in den tibetischen Buddhismus vertieft. Dabei hatte ich nur übersehen, dass ich mich auch am Ursprungsort der Yogakultur befand. Nun saß ich also in unserer Wohnung und suchte auf Google nach Yogastudios in meiner Nähe, deren Kurszeiten sich am besten mit meinem vollen Terminkalender vereinbaren ließen. Bei meiner Suche stieß ich auch auf ein paar Videos aus den frühen Achtzigern, wo eine Form des Yoga praktiziert wurde, an der ich später hängenbleiben sollte. Ich fühlte mich direkt angesprochen. Es gab einen deutlich durchdachten Rahmen, in den ich mich gern einfügte, und in meinem damaligen Zustand nahm ich die genauen Anweisungen dankbar an: *Atme ein, hebe die Arme nach oben, atme aus, beuge dich nach vorn ... atme ein, beuge dich zurück* und so weiter.

Etwas später verglich ein Lehrer einmal das Ashtanga Yoga mit dem *Caveman Training*. Ich verstand genau, wieso: Hebe die Arme – ich hob sie, und sobald ich das getan hatte, konnte ich mich auch vornüberbeugen.

Ich hatte zu Beginn des Kurses einige Stunden verpasst und begann daher gleich in einem schnellen, intensiven Tempo. Die anderen Teilnehmer hatten die Bewegungsabläufe schon verinnerlicht, ich tat mein Bestes, um Schritt zu halten. In vornübergebeugten Haltungen zitterten meine Beine wie Espenlaub, obwohl ich gefühlt alles tat, um sie zu beruhigen. Ich atmete schwer, und der Schweiß tropfte schon nach wenigen Minuten auf die Yogamatte. Mit einem Mal war mir, als verlöre ich mein Gefühl für die Richtungen rechts und links, sodass ich mir manchmal nicht sicher war, in welche Richtung ich mich zu drehen hatte. Ich empfand das Training als beschwerlich, und das versetzte meinem Selbstbild einen Knacks – immerhin war ich doch ein geübter Meditationskünstler. Mit Worten wie graziös oder geschmeidig hätte man also nicht beschreiben können, wie ich so von einer Position in die nächste taumelte.

Die letzte stehende Position in der ersten Abfolge im Ashtanga Yoga wird *Virabadrasana* genannt, die «Kriegerstellung». In dieser Haltung wird ein Bein im rechten Winkel zum Boden gestellt, der Fuß rückt an die Vorderkante der Yogamatte. Das hintere Bein ist gestreckt, und im Oberkörper wird die Spannung gehalten. Die Arme werden in horizontaler Linie ausgestreckt, und der Kopf schaut nach vorn, das heißt über die Hand, die parallel zum gebeugten Knie gehalten wird. Wenn man die Übung richtig macht, sieht man stark, graziös und beinahe so aus, als hielte man mitten in einer Bewegung inne.

Diese Haltung ist schön, sie strahlt Gleichgewicht, Stärke und Integrität aus.

Als ich schon kurz davor war aufzugeben, geschah etwas wirklich Erstaunliches. Es war, als würde sich etwas zusammenfügen, plötzlich waren Atmung und Körper im Einklang. Ein Gefühl großer Präsenz breitete sich aus, angefangen bei den Zehen, weiter über die Beine, bis hinauf in die Wirbelsäule. Die Ruhe strahlte bis in meinen Kopf aus. Mein Körper fühlte sich leicht an, und in diesem Moment war alles im Gleichgewicht. Der Philosoph Patanjali beschreibt dieses Phänomen in seinem nicht an Aktualität verlierenden Text *Das Yoga-Sutra* aus dem Jahr 500 v. Chr. so:

«Ein Asana, eine Körperhaltung, ist dann gelungen, wenn die Anstrengung sinkt und über das Unendliche meditiert wird. Auf diese Weise tangiert uns die Dualität des Lebens nicht.»

Als ich die Augen nach der obligatorischen Endentspannung im Liegen wieder öffnete, hatte das Gefühl der Ganzheit in meinem Körper noch nicht nachgelassen. Die Schwere vieler Jahre war von meinen Schultern gewichen; was vorher getrennt gewesen war, fügte sich nun langsam wieder zu einem Gefühl zusammen, das ich ewig nicht gespürt hatte. Was zerbrochen gewesen war, schien nun wieder ganz.

Kurz darauf fasste ich einen Entschluss. Einen wichtigen Entschluss für eine neue Alltagsstruktur, mit Yoga an sechs Tagen in der Woche. Denn nach der Lehre des Ashtanga Yoga praktiziert man an nur sechs Tagen.

Dieser Entschluss hat jetzt, zehn Jahre später, nichts an Bedeutung verloren. Ich weiß inzwischen, wie Bewegung zur Stille führen, aber auch wie Stille in die Bewegung hineinwirken kann.

In dem genauen Zusammenspiel von Atmung und Bewegung zeigte sich das Überraschende.

MEDITATION JENSEITS DES SCHMERZES

Ich wollte beim Schreiben gern meinen Horizont erweitern, meine Sicht auf die Meditation – darauf, was sie sein kann und individuell bedeutet. Dazu treffe ich mich mit Josefine Bengtsson im *Il Caffè* auf der Drottninggatan in Stockholm. An einem Montagnachmittag, einem grauen Novembertag. Die Dunkelheit verzieht sich langsam, als ich den Hügel in Richtung Tegnérlunden hinaufgehe, und ich verdrehe den Kopf, um die Worte Strindbergs lesen zu können, die in den Asphalt eingraviert wurden: «Lieben bedeutet geben; gib!»

Josefine ist eine bekannte und passionierte Yogalehrerin, die auf der ganzen Welt arbeitet und beliebte Yoga-Retreats leitet. An ihren Retreats nehmen viele junge Menschen teil, die kurz vor dem Burnout stehen und gemeinsam mit Josefine sowohl dynamische Formen der Meditation als auch lange Perioden der Stille erforschen. Sie beschreibt, wie sehr es ihr am Herzen liegt, einen sicheren Raum für die Teilnehmenden zu schaffen und allen zu ermöglichen, tief in sich selbst auf das zu stoßen, was sie im hektischen Alltag nicht finden können. Viele von ihnen erinnern Josefine an sie selbst, an die Zeit als Studentin an der Handelshochschule und später als Strategie-Beraterin: «Die Klaustrophobie steckte in meinem eigenen Körper. Wenn ich joggen ging, tat ich es nur wegen der totalen Erschöpfung, die darauf folgte, denn sie verschaffte mir eine Pause. Nur in dieser Erschöpfungspause konnte ich kurz abschalten. Wenn dann mein Körper ausruhte, erlebte ich eine Stille, die es sonst nicht in meinem Alltag gab.»

Sie berichtet, dass die Nachfrage nach ihren Retreats steigt. Immer mehr Menschen suchen nach der Stille, und wenn sie ankommen, sind sie beinahe ausgebrannt, können aber gar nicht so einfach abschalten. Bei ihrer Ankunft stehen die meisten noch sehr unter Stress, sind verkrampft und ängstlich. Oft richtet sich ihr Fokus noch sehr stark auf Äußerlichkeiten. Das liegt an der Gewohnheit, äußere Belastungen mit Kontrolle bewältigen zu wollen, und so sind beispielsweise die Inhaltsstoffe des Essens oder andere äußere Details zu Beginn noch ein großes Thema.

Josefine sagt weiter:

«Wir lieben Kontrolle, fühlen uns aber gleichzeitig erst lebendig, wenn wir Kontrolle abgeben. Wenn wir loslassen und etwas tun, was wir seit unserer Kindheit nicht mehr getan haben, geschieht etwas. Wir finden in unsere Herzen: in das Wesentliche. Nach einigen Tagen kommen die Tränen, als Folge der starken Gefühle. Das ist ganz wichtig, erst danach empfinden wir wieder Selbstliebe. Viele drücken es so aus ... dass sie sich selbst vergeben.»

Während wir reden, fällt mir auf, wie wenig ich über Josefine weiß, obwohl wir befreundet sind.

Bei jedem unserer Treffen reden wir über unsere Leidenschaft für alles, was sich in der Welt der Kontemplation tut. Ich höre zu, erkenne mich wieder und lerne.

Unsere Bestellung kommt an den Tisch. Wir halten es einfach, trinken heißen Ingwertee und unterhalten uns darüber, Unnötiges abzuwerfen, durch Vereinfachung zum Kern zu gelangen. Josefine nennt es «Essenz», ich spreche von der «innersten Stille». Je länger ich zuhöre, desto klarer wird mir, dass wir von derselben Sache sprechen, trotz kleiner Unterschiede; bei mir war es die Alchemie der Meditation, die meine innere Zerrissenheit aufgelöst hat.

«Ich weiß inzwischen, dass ich früher auf der Flucht vor dem Schmerz war. In den Semesterferien spürte ich ihn so deutlich, dass ich Angst bekam. Nach der Sommerpause war ich erleichtert, dass ich ihn wieder von mir wegschieben konnte. Wenn ich mich einsam fühlte, stürzte ich mich in Aktivitäten, hielt mich in Bewegung. Ich nahm meine Bücher auch mit ins Fitnessstudio, um mehrere Dinge gleichzeitig zu tun. Ich joggte und joggte, um dem Schmerz nicht begegnen zu müssen. Alle fürchten sich vor ihm, doch inzwischen habe ich ihn kennengelernt und erfahren, dass sich immer etwas hinter dem Schmerz verbirgt. Das hatte ich schon geahnt. Wenn ich mit dem Joggen fertig war und dort blieb, wo es wehtat, stieß ich auf eine Präsenz. In diesem Zustand fühle ich mich heute verbunden mit allen, und ich spüre, dass es eine Verbindung zwischen den Menschen gibt.»

Die Wege in die Stille können verschieden aussehen, führen aber zum gleichen Punkt. Ich entdeckte als Jugendlicher das Meditieren, Josefine tauschte ihre Karriere, in die sie viel investiert hatte, gegen einen ganz neuen Weg ein. Sie sagt, das habe einen hohen Preis gehabt, denn nicht alle hätten ihre Entscheidung akzeptiert.

Eine solche Wahl erfordert viel Mut, der Meditationsmeister Chögyam Trungpa drückte es einmal verblüffend so aus:

«Die schlechte Nachricht ist, dass du in freiem Fall durch die Luft stürzt, ohne jeden Halt, ohne Fallschirm. Die gute Nachricht ist, dass es darunter keinen Boden gibt.»

FREUNDLICH SEIN, ZU SICH SELBST UND ANDEREN

Die Liste der nachgewiesenen Effekte, die Meditation auf den Menschen haben kann, ist lang: Senkung des Kortisolspiegels im Blut, Verringerung von Unruhe und Ängsten, Steigerung der Konzentrationsfähigkeit, Verbesserung des Schlafs, des Erinnerungsvermögens und der emotionalen Kompetenz. Aber von allen Dingen am schönsten ist, dass die Meditation es vermag, das Gute in jedem Menschen zu wecken. Laut Studien kann abgesehen von diesem essentiellen Wert auch das höchste Glückslevel erreicht werden. Meditation als Training in Mitgefühl kann uns darüber hinaus helfen, die Selbstzentriertheit zu überwinden, die unser Leben oft prägt. In diesem Fall verschiebt sich die Perspektive langsam von Gewinnsucht, Missgunst und Revierverteidigung hin zur Freundschaft, sowohl mit sich selbst und den eigenen Defiziten als auch mit anderen und deren Unzulänglichkeiten.

Ausgang und Ziel sind hier ein und dasselbe. Mitfühlend und liebevoll zu sein ist für den Einzelnen in der Meditation möglich, aber auch im Alltag. Durch einen schrittweisen Prozess kann im Geist das Gute kultiviert und in uns

Gelassenheit und Mitgefühl gegenüber unserer Umgebung entwickelt werden. Wie es Simone Weil einmal so schön beschrieben hat, befindet sich in der Tiefe eines jeden Menschenherzen, von der frühesten Kindheit an bis zum Tod «etwas, das trotz aller Schlechtigkeiten, die es begangen, erlitten und mit angesehen hat, unbeugsam darauf wartet, dass man ihm Gutes tut und keine Schlechtigkeiten. Es ist das Heilige in jedem Menschen, vor allen anderen Dingen. Das Gute ist der einzige Ursprung des Heiligen. Nur das Gute ist heilig und alles, was mit dem Guten in Verbindung steht.»

Ich habe schon oft gehört, dass Freundlichkeit mit einer geringeren Intelligenz in Verbindung gebracht wird. Doch Freundlichkeit, Güte und Fürsorge bewirken nicht nur bei uns selbst eine bessere psychische Gesundheit. Viele interessante Studien haben gezeigt, dass Freundlichkeit und der Wille, andere zu verstehen, jene psychische Sicherheit schaffen, die eine Testgruppe zu einem besseren Ergebnis führt. Alle, die ihre Ideen teilen, ihre Fähigkeiten nutzen und nicht darauf bedacht sind, ihr Revier zu verteidigen, bekommen weitaus mehr zurück als diejenigen, die das nicht tun. Durch Großzügigkeit und Ermunterung sowie durch Entfaltungsraum und Anerkennung für unsere Mitmenschen gelangen wir sicher zum gemeinsamen Erfolg.

Probiere es doch einmal in deiner direkten Umgebung aus, indem du einer dir nahestehenden Person deine Wertschätzung aussprichst – oder auch jemandem, den du zufällig triffst. Wir alle wissen aus eigener Erfahrung, wie positiv uns ein unerwartet nettes Gespräch, auch mit einem Fremden, beeinflussen kann. Wie beschwingt es uns machen kann, das Mitgefühl einer anderen Person zu spüren. Dieses wunderbare Gefühl von Gemeinsamkeit. Dieses Gefühl, ein Teil von etwas zu sein.

Vielleicht ist die Voraussetzung dafür, zuallererst freundlich und liebevoll mit sich selbst umzugehen. Das ist merkwürdigerweise nicht immer ganz einfach. Probieren wir es. Vielleicht ist das eine Übung, mit der du deinen Tag beginnen kannst.

Stelle dich vor einen Spiegel, sieh dir in die Augen und sage: «Ich tue alles, so gut ich kann, ich bin genug und verdiene das Beste. Ich bin es wert, zu lieben und geliebt zu werden.» Sag es einige Male vorsichtig, lass es dann mehr und mehr aus deinem Herzen kommen. Wenn das zu schwer ist, kannst du dabei deine Augen schließen und eine Hand auf dein Herz legen. Wenn du dir diese Worte zu Herzen nimmst, wird es viel leichter, anderen Menschen die gleichen grundlegenden Rechte zuzugestehen.

Als letzte Übung möchte ich eine Meditation vorstellen, die mich schon viele Jahre begleitet. Ich habe sie bei einem meiner ersten Besuche in Nepal gelernt.

Wenn wir diese Übung ernsthaft machen, verhindern wir die übliche Kette von negativen Gedanken und ersetzen ein dunkles Selbstbild durch ein helleres. Wir lassen alte selbstzerstörerische Muster los, Probleme, die sich festgesetzt und uns gefangen genommen haben. Wir lassen unsere Lasten hinter uns, sind zuversichtlich und schließen im besten Fall Frieden mit uns.

Du kannst nun anwenden, was du bisher in diesem Buch gelernt hast. Ob im Sitzen oder im Liegen: Entspanne zunächst deinen Körper, konzentriere dich auf deine Atmung und finde deinen stillen Fokus. Das Rauschen der Gedanken bewegt sich in den Hintergrund.

Formuliere die Intention deiner Meditation. Nimm dir vor, die Meditationsübung nicht nur für dich selbst zu machen, sondern auch für alle anderen Menschen in deiner Umgebung.

Richte deine Aufmerksamkeit verstärkt auf deine Atmung. Mit jeder Ausatmung stellst du dir vor, dass alles, was dich beschwert und sich wie eine Last anfühlt, deinen Körper in Form von schwarzem Rauch verlässt. Folge dem Rauch durch den Raum und beobachte, wie er sich auflöst. Spüre, wie leicht sich dein Körper anfühlt, nachdem alles Schwere deinen Körper verlassen hat.

Wiederhole das einige Male, bis es sich natürlich anfühlt. Nimm wahr, wie Stress, starke Gefühle, Grübeleien, Unruhe und Ängste schwächer werden und schließlich verschwinden.

Mit der nächsten Einatmung durch die Nase stellst du dir vor, wie du etwas Neues einatmest, etwas Gutes, wovon du dir mehr wünschst, und dieses Gute kommt als weißes Licht, das sich langsam in deinem ganzen Körper ausbreitet, jede Zelle erfüllt und dich entspannt.

Erlebe für eine Weile, wie die Schwere mit jeder Ausatmung deinen Körper verlässt und die befreiende Leichtigkeit mit jeder Einatmung einzieht. Vor dem Ende der Meditation führst du noch einmal die Hände vor der Brust zusammen, nimmst die Haut an deinen Fingern bei ihrer sanften Berührung wahr und wünschst allen Menschen Gesundheit, Liebe und Stille in ihrem Leben.

DAS EINFACHE UND DAS SCHWIERIGE

Vor einigen Jahren gab ich eine Meditationsklasse auf einem Hausdach in Barcelona und fragte die Teilnehmer im Anschluss an die Stunde nach ihren Eindrücken. Eine leichte Nachmittagsbrise brachte uns angenehme Kühlung unter der stechend heißen Sonne, und eine Frau berichtete, dass ihre ganze Aufmerksamkeit dem leichten Wind gegolten habe, der über ihr Haar gestrichen war. Lass deine Suche nach der Stille in diesem Sinne zu einem schönen Erlebnis werden. Entdecke sie, wo auch immer du bist. Die Stille versteckt sich in jedem Augenblick, der dir im Leben gegeben ist.

Meditation ist einfach und schwierig. Verhalte dich ihr gegenüber also immer bescheiden. Es wird immer diejenigen geben, die alles wissen, alles verstanden haben und das letzte Wort haben müssen. Versuche nicht, das zu ändern, und orientiere dich an deiner Praxis. An deinem eigenen Erleben. Denn das ist wirklich deins, und es macht am Ende den Unterschied.

In der Einleitung zu diesem Buch habe ich meine tägliche Meditationspraxis als kraftvolle stille Stunde beschrieben. Ich empfinde dann «unabhängig von der Laune oder den Umständen eine Glückseligkeit, die keine Grenzen kennt». So ist es, und durch nichts anderes habe ich gelernt, meinen rastlosen und unruhigen Geist zu stabilisieren, meinen Weg klarer zu sehen und mich Dingen gegenüber, die außerhalb meiner Kontrolle liegen, entspannt zu verhalten. Die Meditation ist der Weg ins Nichts, gleichzeitig füllt sie die inneren Kammern eines jeden Menschen bis an den Rand mit einem Etwas auf. Dieses Etwas gibt allen Dingen Sinn.

Lass uns noch einen Moment in Stille verbringen, bevor du die Buchdeckel zuklappst und wir uns voneinander verabschieden.

Nimm die Dankbarkeit in deinem Herzen wahr. Für dich selbst und andere. Für das Leben, das dir gegeben ist.

Wie einen stillen Punkt.

Selbst wenn die Welt um dich herum weiter beschleunigt.

QUELLENVERZEICHNIS

Stille finden in einer hektischen Welt

Blaise Pascal, *Gedanken*, Reclam 1997

Die Stille ist alles und nichts

Stig Dagerman, *Nattens lekar*, Norstedts förlag 1947

Wir suchen die Stille

Martin Gansten, Måns Bro, *De tidiga upanisaderna*, Nya Doxa 2005

Gunnar Björling, *Du jord du dag. Urval lyrik*, Wahlström & Widstrand 1957

Die Kunst, nichts zu tun

Seneca, *Von der Kürze des Lebens*, dtv 2005

Mindfulness im Alltag

Alexandra Sifferlin (2015), «Washing dishes is a great stress reliever, science says», https://time.com/4056280/washing-dishes-stress-relief-mindfulness/

Atemraum

Sandee LaMotte (2017), «Hillary Clinton uses alternate-nostril breathing. Should you?», https://edition.cnn.com/2017/09/14/health/hillary-clintonalternate-nostril-breathing/index.html

Sicherheit in der Veränderung spüren

Thomas Merton, *The Inner Experience: Notes on Contemplation*, Harper Collins (2003)

Maria Konnikova, «The lost art of the unsent angry letter», The New York Times 22. 3. 2014, https://www.nytimes.com/2014/03/23/opinion/sunday/the-lost-art-of-the-unsent-angry-letter.html

Veränderungen im Alltag

Centre for Humane Technology, App ratings, http://humanetech.com

David Burkus, «The creative benefits of boredom», Harvard Business Review 9. 9. 2014, https://hbr.org/2014/09/the-creative-benefits-of-boredom

Zuhören

Jan Chozen Bays, *How to Train a Wild Elephant: and Other Adventures in Mindfulness*, Shambala 2011; deutsch: *Achtsam durch den Tag: 53 federleichte Übungen zur Schulung der Achtsamkeit*, Windpferd 2012

Ein Baum in meinem Innenhof

Elin Lagerkvist, *Zen: en Zenbuddhistisk antologi*, Natur och Kultur 1963

John Cowper Powys, The Meaning of Culture, Village Press 1974; deutsch: *Kultur als Lebenskunst*, Junius 1998

«Green spaces deliver lasting mental health benefits», Science Daily http://www.exeter.ac.uk/news/featurednews/title_349054_en.html

Gabriel Popkin, «Nature videos help to calm inmates in solitary confinement», *Nature* 1. 9. 2017, https://pedagogyeducation.com/Main-Campus/News-Blogs/Campus-News/News.aspx?news=688

Omid Kardan, Peter Gozdyra, «Neighborhood greenspace and health in a large urban centre», *Scientific Reports* 5 Article number 11610

Der feste Punkt

Anita Singh, «Voice of the shipping forecast returns to lull listeners to sleep – but not on the BBC», *The Telegraph*, 29. 03. 2017, https://www.telegraph.co.uk/news/2017/03/29/voice-shipping-forecast-returns-lull-listeners-sleep-not-bbc/

«Sjörapporten – därför behöver vi den», Vetenskapsradion, Sveriges Radio https://sverigesradio.se/sida/artikel.aspx?programid=406&artikel=6967820

Der Geisterpark

Hjalmar Ekström, *Utblottelse: ett urval betraktelser ur Det förfolda lifvet av Hjalmar Ekström och andra kristna mystiker*, Eolit förlag (2007)

Zur Stille

Peter Matthiessen, *The Snow Leopard*, The Viking Press 1978; dt.: *Auf der Spur des Schneeleoparden*, Scherz 1987

Roald Dahl, *The Wonderful Story of Henry Sugar and six more*, Random House 1977

Die größtmögliche Stille

Max Picard, *Die Welt des Schweigens*, Rentsch 1948
Gunnar Björling, *Skrifter I–V*, Erikssons förlag 1995

Arthur Lubow, «The sound of spirit», The New York Times, 15.10.2010

Ein unsichtbarer Schlüssel

«Dudjom Rinpoche about Meditation 1979», https://www.youtube.com/watch?v=qbJ7u_nJb54

Sarah Bakewell, «Montaigne, philosopher of life, part 4: Borrowing the cat's point of view», *The Guardian*

31. 05. 2020, https://www.theguardian.com/commentisfree/belief/2010/may/31/montaigne-philosophy-perspectivism

Woanders

Steve Bradt, «Wandering mind not a happy mind», The Harvard Gazette 11. 11. 2010, https://news.harvard.edu/gazette/story/2010/11/wandering-mind-not-a-happy-mind.05.2020)

Meditation in Bewegung

Swami Satchidananda, *The Yoga Sutras of Patanjali*, Yoga Publications 2012; deutsche Ausgabe des Yoga Sutra von Patanjali: *Das Yogasutra: Von der Erkenntnis zur Befreiung*, Theseus 2013

Freundlich sein, zu sich selbst und anderen

Simone Weil, *Die Person und das Heilige*, Karolinger Verlag 2018

Die Rowohlt Verlage haben sich zu einer nachhaltigen Buchproduktion verpflichtet. Gemeinsam mit unseren Partnern und Lieferanten setzen wir uns für eine klimaneutrale Buchproduktion ein, die den Erwerb von Klimazertifikaten zur Kompensation des CO_2-Ausstoßes einschließt. www.klimaneutralerverlag.de

FSC www.fsc.org
MIX
Papier aus verantwortungsvollen Quellen
FSC® C014496